AUDACE ET COMPASSION

Dilgo Khyentsé Rinpotché

AUDACE ET COMPASSION

L'ENTRAINEMENT DE L'ESPRIT
EN SEPT POINTS
selon Atîsha

Traduit par
le comité de traduction Padmakara

EDITIONS PADMAKARA

Photo de couverture : Matthieu Ricard
Illustration page XVII : Wangdi
Illustration page 5 : Konchok

ISBN 2-906949-06-X

© EDITIONS PADMAKARA, 1997
(Première édition : 1993)
Laugeral, 24290 Saint-Léon-sur-Vézère
France

PREFACE

HAUTEMENT respecté par des milliers de disciples au Tibet et dans le monde entier, Dilgo Khyentsé Rinpotché, dont la vie exceptionnelle s'éteignit en septembre 1991, était l'un des plus grands poètes, érudits, philosophes et maîtres de méditation au sein des traditions du Grand Véhicule, du Mahamoudra et de la Grande Perfection qui appartiennent au bouddhisme du Véhicule Adamantin.

Au cours de l'été 1990, nous avons eu l'honneur et la chance de célébrer, du 15 juillet au 15 août, le quinzième anniversaire de la venue de Dilgo Khyentsé Rinpotché en Occident. A la requête de ses disciples, celui-ci dirigea un séminaire intitulé *Le Cœur de la voie bouddhiste*, dont le programme incluait des pratiques, des enseignements, des initiations et des instructions essentielles émanant des plus grandes écoles du bouddhisme tibétain. Ce séminaire d'un mois eut lieu dans la résidence européenne de Rinpotché, Shechen Tennyi Dargyeling, en Dordogne, France.

S'adaptant aux différentes capacités de ceux qui l'écoutaient, Rinpotché donna nombre d'enseignements de niveaux différents, de façon à ce que chacun puisse atteindre la paix intérieure et la liberté ultime. De tous les enseignements dispensés par lui et les autres lamas présents en cette occasion, *Audace et compassion*, unique en son genre, est des plus importants et je suis particulièrement reconnaissant envers le comité de traduction Padmakara de m'avoir invité à présenter ce livre.

Il s'agit des instructions sur l'entraînement de l'esprit selon le maître indien Atîsha (982-1054) et le maître tibétain Ngultchou Thogmé Zangpo (1295-1369), que Rinpotché dispensa en se fondant sur la pratique et l'expérience de toute sa vie. Ces instructions, cœur de toute la pratique du bouddhisme tibétain, forment l'enseignement essentiel des maîtres bouddhistes, dans tous les pays et depuis plus de deux mille cinq cents ans.

Elles servent de seuil, de voie et de fruit à toutes les lignées du bouddhisme tibétain qui les ont intégrées à leur tradition particulière. Celle des Guéloukpas enseigne le cheminement graduel incluant les trois niveaux de compréhension et les trois aspects principaux de la voie. Celle des Sakyapas, dite de « la voie et du fruit », prépare aux trois visions. Celle des Kagyupas unit dans un même flot l'entraînement de l'esprit des maîtres Kadampas et les instructions orales de Milarépa sur le Mahamoudra. Selon cette tradition, la nature de bouddha forme la cause, la précieuse vie humaine, le support et les maîtres spirituels, l'élan. Leurs instructions essentielles constituent les méthodes, et la réalisation des sagesses et des Corps, le fruit. Enfin, la tradition Nyingma associe la détermination de se libérer du cycle des existences en prenant conscience de sa futilité, la certitude quant à la causalité des actes, l'esprit d'Eveil tourné vers le bien des autres ainsi que la vision parfaite des phénomènes, qui sont primordialement purs.

Cet enseignement est le fruit de l'expérience des maîtres du passé. Parfaitement adapté à notre époque, il peut facilement s'intégrer à la vie quotidienne. Les bienfaits qui en découlent sont aptes à satisfaire nos plus grands besoins et il nous permet de cultiver la bonté, la bienveillance et la liberté.

J'aimerais remercier tous ceux qui ont permis à cet enseignement d'être donné alors, et tous les membres des Editions Padmakara pour avoir traduit et publié ce livre. Je voudrais en particulier remercier Khyentsé Jigmé Rinpotché (Nüden Dorjé) qui a inlassablement travaillé à la transcription et à la traduction de cet enseignement.

Que ce livre inspire à chacun le souhait de voir traduits dans toutes les langues les précieux enseignements préservés au Tibet dans leur pureté depuis des siècles. Ce texte donnera un avant-goût de cet inimaginable trésor de connaissance. Que dans l'avenir il soit possible, en toute liberté, de préserver cet héritage auquel nous avons droit et de le partager avec l'humanité entière.

En ce jour de bon augure, consacré chaque mois à la mémoire de Djédroung Rinpotché (1856-1922), principal disciple du premier Khyentsé (1820-1892) et de Kongtrul le Grand (1813-1899), puis maître racine de Dudjom Rinpotché (1904-1987) et de Kangyur Rinpotché (1898-1974), je prie pour que la vie de tous les maîtres soit longue et que leurs souhaits pour le bien des êtres se réalisent. Que cessent les guerres, les famines, les maladies et les catastrophes naturelles. Puisse Dilgo Khyentsé Rinpotché promptement revenir nous guider et, en faisant résonner le tambour du Dharma, établir tous les êtres dans l'Eveil ultime.

Tsétrul Péma Wangyal

Saint-Léon-sur-Vézère
30ᵉ jour du 7ᵉ mois de l'année
du singe d'eau 2119,
26 septembre 1992

NOTE DES TRADUCTEURS

LES Bodhisattvas recherchent l'Eveil pour le bien de tous les êtres. Leur voie est donc celle de l'absence d'attachement au « moi », un entraînement au cours duquel ils apprennent à détourner leur esprit de ses soucis habituels et de ses angoisses égoïstes, et, peu à peu, à faire du bien d'autrui la première de leurs préoccupations. Cette attitude altruiste forme le fond de tous les enseignements du Grand Véhicule, système philosophique comprenant un vaste corpus d'écritures et de commentaires. Il est difficile de nos jours de trouver le temps d'étudier tous ces textes en détail, et encore plus de pouvoir les assimiler sans s'y perdre. C'est pourquoi le texte qui suit présente de façon parfaite les points essentiels de la pratique des Bodhisattvas. Il contient en effet des instructions qui vont de la pratique de *tonglen* (l'échange mental de son bonheur contre la souffrance d'autrui) aux conseils pratiques sur la manière de transformer les difficultés de la vie en source de progrès sur la voie.

Cette tradition spéciale fit son apparition au Tibet au XIe siècle, lors de la visite du maître indien Atîsha. Son principal disciple, Dromteunpa, les transmit ensuite à Tchékawa Yéshé Dordjé qui consigna cet enseignement dans un poème intitulé *L'Entraînement de l'esprit en sept points*. L'étude et la pratique de ce texte prirent alors un essor significatif qui ne cessa de croître par la suite. Sa transmission s'est poursuivie jusqu'à nos jours au travers d'une lignée ininterrompue de maîtres et de disciples.

Nombre de maîtres commentèrent le poème de Tchékawa Yéshé Dordjé. Parmi eux, Ngultchou Thogmé Zangpo composa, au début du XIVᵉ siècle, le commentaire dont Dilgo Khyentsé Rinpotché s'est inspiré pour donner l'enseignement rapporté ici.

Le texte qui suit est en effet la traduction d'un ensemble d'enseignements donnés par Dilgo Khyentsé Rinpotché au cours de sa dernière visite en France en juillet 1990, un peu plus d'un an avant qu'il ne quitte ce monde.

Le théâtre de ces enseignements était une grande tente montée sur la pelouse de La Sonnerie – d'où les allusions de Rinpotché à cet environnement immédiat. Le fait que Rinpotché nous ait quittés donne une autre dimension à ses mots et aux conseils qu'il prodigue, lesquels insistent le plus souvent sur l'urgence et l'importance de mettre ces instructions en pratique. Beaucoup de ses disciples verront ce texte comme son véritable cadeau d'adieu. C'est donc avec une grande reconnaissance et un profond respect que nous publions cette traduction en guise d'offrande.

Dans cet ouvrage, nous avons fait précéder l'enseignement de Khyentsé Rinpotché par l'ensemble du texte racine de Tchékawa Yéshé Dordjé, lequel apparaît ensuite vers par vers et en italique dans le commentaire. Nous n'avons cependant pas cherché à détacher le commentaire de Ngultchou Thogmé Zangpo des propos de Rinpotché qui se fondent intimement au texte original en y mêlant exemples et anecdotes. A la fin du livre figure une traduction d'une prière de dévotion composée par Djamyang Khyentsé Wangpo, le premier Khyentsé, alors qu'il visitait la demeure d'Atîsha au Tibet, et qui reprend les thèmes principaux de *L'Entraînement de l'esprit en sept points*.

Sans doute est-il bon d'ajouter que l'auditoire présent à ces enseignements était composé de pratiquants du bouddhisme, déjà habitués aux notions fondamentales de la doctrine du Bouddha, aux noms et à l'histoire des différentes traditions. Conscients que ce texte devrait toucher un public plus large, nous y avons joint des notes et un glossaire qui, sans être complets, s'avéreront peut-être utiles au lecteur peu familier avec les thèmes bouddhistes.

Un enregistrement de l'enseignement de Dilgo Khyentsé Rinpotché a été transcrit en tibétain puis traduit en anglais par Khyentsé Jigmé Rinpotché et Wulstan Fletcher sous le titre *Enlightened Courage* (Ed. Padmakara, 1992). La traduction française, faite à partir de l'anglais avec une constante référence au tibétain, a été effectuée par Khyentsé Jigmé Rinpotché et Etienne Horeau, avec l'aide de Patrick Carré, Christine Fondecave, Yahne le Toumelin, Gérard Godet, Héléna Blankleder, Brigitte Souverain et Ivan Georgiev.

ATISHA DIPANKARA (982–1054)

TEXTE RACINE

L'ENTRAINEMENT DE L'ESPRIT
EN SEPT POINTS

par

Tchékawa Yéshé Dordjé

TEXTE RACINE

Tout d'abord, exercez-vous aux préliminaires.

Considérez toute chose comme un rêve.
Analysez la nature non-née de la conscience éveillée.
L'antidote disparaîtra de lui-même.
L'essence du chemin demeure dans l'alaya.
Après la méditation, considérez les phénomènes comme des
    illusions.
Entraînez-vous à l'échange ;
Utilisez le souffle comme support.
Trois objets, trois poisons et trois sources de bien.
Dans toutes vos actions, ayez recours à des maximes.
Abordez la prise en charge de la souffrance
En commençant par vous-même.

Lorsque le monde est empli de négativité,
Transformez l'adversité en voie d'Eveil.
Ne blâmez qu'une seule chose.
Réfléchissez à la bonté des êtres.
La vacuité est la protection suprême ;
Les apparences illusoires sont alors perçues
Comme les quatre Corps.

La meilleure des méthodes est celle des quatre pratiques.
Utilisez comme voie d'Eveil les circonstances imprévues
Dès qu'elles se manifestent.

Pour résumer les instructions essentielles :
Appliquez les cinq forces.
Les instructions du Grand Véhicule sur la mort sont les cinq
    forces ;
La manière de les appliquer est très importante.

Le Dharma tout entier n'a qu'un seul but.
Fiez-vous au meilleur des deux témoignages.
Soyez toujours d'humeur joyeuse.
Si vous pouvez pratiquer tout en étant distrait, vous avez
    acquis de l'expérience.

Entraînez-vous toujours aux trois principes généraux.
Changez votre attitude et maintenez-la fermement.
Ne parlez pas des infirmités d'autrui.
N'ayez pas d'opinion quant aux actions d'autrui.
Travaillez d'abord sur la plus forte de vos émotions.
Abandonnez l'espoir d'un résultat.
Ne touchez pas à la nourriture empoisonnée.
N'ayez pas le sens du devoir.
Ne répondez pas aux insultes.
Ne guettez pas l'occasion.
Ne soulignez pas les faiblesses.
Ne bâtez pas le bœuf de la charge du dzo.
Ne faites pas de louanges avec des arrière-pensées.
Ne faites pas mauvais usage d'un bon remède.
Ne ravalez pas un dieu au rang d'un démon.
Ne tirez pas profit de la souffrance.

Faites toute chose avec une seule intention.
Dans toutes les difficultés, n'appliquez qu'une seule méthode.

Deux choses à faire, pour commencer et pour finir.
Supportez-les, l'un comme l'autre.
Défendez deux choses, même au prix de votre vie.
Apprenez à faire trois choses difficiles.
Prenez appui sur trois facteurs indispensables.
Méditez sur trois choses qui ne doivent pas dégénérer.
Maintenez ensemble trois choses.
Entraînez-vous dans tous les domaines ;
Votre pratique doit être vaste et profonde.
Méditez toujours sur ce qui est inévitable.
Ne dépendez pas des conditions extérieures.
Cette fois, faites ce qui est important.
Ne commettez pas d'erreur.
Soyez constant dans votre pratique.
Entraînez-vous avec zèle.
Libérez-vous par les essais et l'analyse.
Rejetez la fatuité.
N'ayez pas mauvais caractère.
Ne soyez pas instable.
N'espérez pas de récompense.

Cette quintessence des instructions,
Qui transmue la montée des cinq dégénérescences
En voie d'Eveil,
M'a été transmise par Serlingpa.
Quand le karma de mon entraînement passé parvint à maturité,
Je fus poussé par une puissante inspiration
Et, au mépris des reproches et de la souffrance,
Je partis à la recherche d'instructions
Pour maîtriser mon attachement à l'ego.
Si maintenant il me fallait mourir, je n'aurais aucun regret.

SOMMAIRE

BOUDDHA SHAKYAMOUNI

DJAMYANG KHYENTSE WANGPO (1820–1892)

ENSEIGNEMENT

AUDACE ET COMPASSION

INTRODUCTION

Hommage à Tchenrézi[1], le Grand, le Compatissant !

Parfaitement exercé au triple entraînement[2]
Et accompli dans le double esprit d'Eveil,
Vous propagez les enseignements du Bouddha ;
Glorieuse couronne des détenteurs de la doctrine,
Maître incomparable, je vous rends hommage.

A la fréquente requête de mes disciples fortunés,
Et conformément aux paroles de mon maître,
Je vais à présent expliquer cette doctrine,
Unique chemin des Bouddhas du passé, du présent et de
*   l'avenir,*
Inestimable source de toute joie et de tout bien.

LES nombreux enseignements des maîtres Kadampas ont été dispensés sous forme détaillée, abrégée et résumée. On retrouve leur essence parfaitement exposée dans ce commentaire de *L'Entraînement de l'esprit en sept points,* composé par le glorieux Fils des Vainqueurs Ngul-tchou Thogmé Zangpo[3].

Ceux qui veulent atteindre l'Eveil suprême doivent s'appliquer à la pratique de l'esprit d'Eveil : la bodhicitta, relative et absolue.

Autrefois, alors que le Dharma était encore florissant en Inde, les communautés du Petit Véhicule, les Auditeurs, et du Grand Véhicule, les Bodhisattvas, pratiquaient séparément. Les enseignements du Grand Véhicule n'étaient pas dévoilés devant des assemblées d'Auditeurs, parce que ceux-ci n'auraient pas pu les accepter. Il avait donc fallu les garder secrets. Ce n'est pas que les maîtres manquaient de cœur, mais bien plutôt que la doctrine du Grand Véhicule, exposée dans ces conditions, n'aurait pas pu gagner l'esprit des Auditeurs, lesquels auraient alors conçu des sentiments hostiles à son égard.

C'est grâce aux bénédictions du maître Padmasambhava[4] que l'ensemble du Dharma (soûtras et tantras) put se répandre à travers tout le Tibet, le Pays des Neiges. Ainsi devons-nous entièrement à sa bonté de nous trouver sur la voie du Grand Véhicule, après être entrés dans la voie des enseignements du Bouddha, avoir pris les vœux du refuge et formulé le souhait de voir tous les êtres protégés par les Trois Joyaux.

On envisage le Grand Véhicule sous deux aspects : l'aspect profond et l'aspect vaste. L'aspect profond est exposé dans l'*Abhisamayalankara* et l'*Uttaratantra*, ouvrages qui correspondent respectivement au deuxième et au troisième cycle des enseignements du Bouddha[5].

Ces deux aspects sont réunis dans le *Commentaire du Soûtra de la visite à Lanka*, lequel donne une description des activités infinies des Bodhisattvas. Un maître érudit pourrait expliquer longuement tous ces textes, mais, en bref, l'aspect vaste et l'aspect profond du Grand Véhicule se retrouvent intégralement dans la pratique des deux bodhicittas, relative et absolue.

Lorsqu'on s'engage dans la pratique de la bodhicitta relative, on a recours à l'esprit ordinaire et conceptuel. Il n'est donc pas impossible de réaliser cette bodhicitta, même pour un débutant, pourvu qu'il se concentre et pratique correctement.

De plus, une fois la bodhicitta relative menée à sa perfection, la bodhicitta absolue, sagesse de la Vue pénétrante[6], réalisation de l'absence de « moi », apparaît d'elle-même. C'est ce que les lignées Kagyu et Nyingma appellent respectivement Mahamoudra et Dzoktchen, lesquels, pour le moment, dépassent notre entendement. Si l'on donnait de la nourriture solide, des fruits, du riz ou de la viande à un nourrisson, il ne pourrait pas la digérer. De la même manière, la bodhicitta absolue est une chose difficile à pratiquer d'emblée. On commencera donc par la pratique de la bodhicitta relative.

Nagarjuna[7] dit :

> Si nous-mêmes et le monde
> Aspirons à l'Eveil insurpassable,
> Sachons que sa racine est une bodhicitta
> Stable comme le roi des monts :
> Compassion répandue aux dix vents de l'espace
> Et sagesse au-delà de la dualité.

L'esprit d'Eveil relatif a deux aspects : un aspect de vacuité et un aspect de compassion. La Vue de la vacuité met un terme à notre errance dans le samsara ; la compassion nous affranchit de la condition d'Auditeur et de Bouddha-par-soi. En effet, l'Eveil parfait est au-delà du samsara et du nirvana. Qui maîtrise à la fois la compréhension de la vacuité et celle de la compassion possède une voiture pourvue de toutes ses roues : il peut prendre la route ; si l'une d'elles vient à manquer, la voiture n'ira nulle part. Méditer sur la vacuité sans la compassion n'est pas la voie du Grand Véhicule ; méditer sur la compassion sans comprendre la vacuité, ne l'est pas davantage. Vacuité et compassion doivent être toutes deux présentes et en parfaite union.

Les instructions sur *L'Entraînement de l'esprit en sept points* remontent aux trois grands maîtres du seigneur Atîsha[8] : Maitriyogi, qui pouvait assumer en réalité la souffrance d'autrui ; Dharmarakshita, qui réalisa la nature de la vacuité en méditant sur l'amour et la compassion au point de donner sa propre chair ; et Dharmakirti[9], qui vivait à Serling, « l'Île d'Or » (aujourd'hui l'Indonésie), et consacra sa vie entière à la pratique de la bodhicitta.

On raconte qu'un jour, alors que Maitriyogi était en train d'enseigner, un chien aboya contre quelqu'un qui, perdant patience, lui lança une pierre. Le chien, touché aux côtes, émit un glapissement. Le maître, peiné pour l'animal, poussa un cri et tomba du trône. Ses disciples pensèrent qu'il exagérait, mais lui, qui lisait dans leurs esprits, les invita à constater par eux-mêmes. Ils découvrirent alors, en lui examinant les côtes, qu'à l'emplacement même de la blessure du chien, le maître avait un hématome.

Une autre fois, alors que Dharmarakshita se trouvait à l'université de Nalanda, il y avait là un homme très malade, ayant perdu toute force. Les médecins lui avaient annoncé qu'ils ne pouvaient plus rien pour lui, à moins de trouver le seul remède qui convînt, la chair d'une personne vivante. Déprimé au plus haut point, le patient se demandait comment trouver une telle chose en ce monde.

Ayant eu vent de l'affaire, Dharmarakshita vint rendre visite au malade et lui dit : « Si cela peut vous guérir, prenez de ma chair. » Sur ce, taillant un lambeau de chair de sa cuisse, il le donna au malade qui, après l'avoir mangé, recouvrit bientôt la santé.

A cette époque, Dharmarakshita n'avait pas encore réalisé la vacuité et sa blessure le faisait horriblement souffrir. En dépit de la douleur, sa compassion demeurait ferme et il n'éprouvait aucun regret d'avoir fait don de sa propre chair. Cette nuit-là, vers l'aube, il s'endormit d'un sommeil léger et rêva qu'apparaissait devant lui un jeune homme tout blanc et très beau. Celui-ci lui dit : « C'est pour le bien des êtres qu'il nous faut accomplir pareilles actions de Bodhisattva. Est-ce que tu souffres beaucoup ? »

Comme Dharmarakshita lui répondait, le jeune homme, qui n'était autre que Tchenrézi, mouilla ses doigts de salive et massa doucement la blessure en soufflant légèrement dessus. Dharmarakshita reçut ainsi la bénédiction de Tchenrézi et lorsqu'il se réveilla, il avait réalisé la nature de la vacuité : complètement guéri, il ne ressentait plus aucune douleur.

Dharmakirti, connu aussi sous le nom de Serlingpa, vivait près de la mer. Atîsha demeura douze ans auprès de lui à pratiquer ses instructions : ainsi la bodhicitta prit-elle racine en lui.

Au cours de sa vie, Atîsha eut de nombreux maîtres et, lorsqu'on citait le nom de l'un d'entre eux, il avait l'habitude de joindre les mains devant son cœur. En entendant le nom de Serlingpa, il joignait les mains au sommet de sa tête et fondait en larmes. Il célébrait l'anniversaire du décès de tous ses maîtres chaque année, mais chaque mois, celui de Serlingpa. Ses disciples l'interrogèrent : « Vous ne semblez pas avoir le même respect pour vos différents maîtres. Est-ce parce qu'il y avait entre eux une différence de sagesse ?

- Parmi tous mes maîtres, il n'y en avait pas un qui n'ait atteint le niveau ultime ; aucun d'entre eux n'était un être ordinaire et leurs qualités ne différaient en rien. Pourtant, c'est grâce à Serlingpa qu'a pris racine en moi ce qu'on appelle la bodhicitta. C'est pourquoi, en ce qui concerne ma gratitude à leur égard, il existe une différence. »

La tradition de Serlingpa englobe aussi les enseignements de Maitriyogi et de Dharmarakshita. On peut les expliquer de très nombreuses manières, mais ici, le maître de la lignée Kadampa, Tchékawa Yéshé Dordjé[10], les a consignés sous la forme de *L'Entraînement de l'esprit en sept points*.

I

BASE DE LA PRATIQUE
DE LA BODHICITTA

Tout d'abord, exercez-vous aux préliminaires.

COMME préliminaires à cet enseignement, il faut examiner trois points particuliers : la précieuse vie humaine, l'impermanence et les tourments du samsara.

La précieuse vie humaine

Nous sommes à présent en possession d'une précieuse vie humaine pourvue de dix-huit caractéristiques[11] très difficiles à obtenir. Ainsi qu'il est dit, si l'on pratique correctement l'enseignement du Bouddha,

> Ce corps est un navire en partance pour la
> libération,
> Sinon, une ancre qui nous retient au samsara.
> Ce corps est l'agent de nos actions
> Positives autant que négatives.

Pour celui qui tend vers l'Eveil, il vaut bien mieux posséder une existence humaine que de naître parmi les dieux, où l'on vit de nectar, où tous les vœux se réalisent grâce à l'arbre-aux-souhaits, où n'existent ni fatigue, ni difficulté, ni maladie, ni vieillesse. C'est sous forme humaine et non divine, en possédant les huit libertés et les dix conditions favorables, que chacun des mille Boud-dhas de cet âge a atteint et atteindra l'Eveil.

De plus, cette existence humaine ne se gagne ni par la force ni par le simple fait du hasard : elle est le résultat d'actes positifs. Comme il est rare que les êtres accomplissent des actes positifs, une précieuse existence humaine est en réalité très difficile à obtenir.

A présent, nous avons cependant réussi à naître dans cette condition, nous avons rencontré les enseignements du Bouddha, nous sommes entrés dans la voie et recevons des instructions. Or, comme dit le proverbe : « Le seul fait d'écouter des enseignements ne libère pas du samsara. » Si nous ne sommes pas capables de les mettre en pratique, ils ne nous seront d'aucune aide lorsque nous serons confrontés aux tourments de la naissance, de la maladie, de la vieillesse et de la mort. Un malade qui bénéficierait de la présence constante d'un médecin à son chevet, mais qui ne se conformerait pas à sa prescription, ne verrait pas la douleur disparaître d'elle-même.

L'impermanence

Comme nous venons de le voir, si nous négligeons de pratiquer les enseignements, ceux-ci ne nous seront d'aucun secours. De plus, notre corps n'est pas éternel. La mort et ses causes sont imprévisibles, nous risquons de mourir à tout moment. Nous pouvons bien penser : « Je pratiquerai quand je serai plus vieux, mais tant que je suis encore jeune, je vais gagner de l'argent, soumettre mes ennemis, venir en aide à mes amis…» Il se pourrait toutefois que notre vie ne soit pas si longue. Pensez par exemple aux gens qui sont nés en même temps que vous : certains sont morts encore enfants, d'autres dans la force de l'âge, d'autres encore en plein travail… Comme vous le voyez, nous n'aurons peut-être pas même l'occasion de vieillir.

Il n'est pas inutile de réfléchir au fait que l'existence humaine est pratiquement impossible à obtenir. Prenez une motte de terre, en été, et essayez de compter toutes les bêtes qui y vivent. Il s'y trouve parfois l'équivalent de la population d'un pays ! C'est une des raisons pour lesquelles on dit qu'il est si difficile d'obtenir un corps humain. Aussi, nous devrions nous dire : « Maintenant que je suis né avec un corps humain doté des dix-huit qualités, je vais essayer de pratiquer correctement sans laisser passer cette chance. »

Faire usage de son corps pour l'accomplissement du Dharma est comme traverser l'océan à la recherche de joyaux et rentrer chez soi chargé de toutes sortes de matières précieuses ; les difficultés du voyage auront été bien récompensées. En revanche, quelle honte de s'en revenir les mains vides !

Nous sommes en possession d'un précieux corps humain et avons rencontré les enseignements du Bouddha. Grâce aux bénédictions et à la bonté des maîtres, il nous est à présent loisible d'écouter, d'étudier et de pratiquer la doctrine. Mais si nous ne sommes préoccupés que par cette vie, par les affaires, l'agriculture, la soumission des ennemis, le soutien aux amis, la recherche d'une considération sociale, et que nous mourons avant d'avoir pu nous ménager un temps pour pratiquer, cela revient exactement à rentrer de l'Ile-aux-Joyaux les mains vides. Gaspiller une situation aussi favorable n'est rien moins qu'infamant.

Nous devrions nous dire : « Je ne vais pas laisser passer cette chance ; tant que j'en ai l'occasion, je vais pratiquer le Dharma. »

Bien entendu, la meilleure chose à faire serait de pratiquer toute notre vie, à défaut de quoi il nous faudrait au moins prendre correctement refuge. Car le refuge contient la totalité des enseignements du Bouddha et

ferme l'accès aux mondes inférieurs : c'est l'antidote universel qui peut s'appliquer à toute difficulté ; sa pratique
est donc des plus importantes.

En ce moment, vous me voyez en train d'enseigner,
mais vous ne comprenez pas ce que je dis à cause de la
différence de nos langues. Quand je serai parti, tout cela
vous sera traduit et vous penserez peut-être que je vous
ai enseigné là quelque chose d'important qu'il faut mettre
en pratique. Si vous l'appliquez véritablement jour après
jour dans votre vie, l'explication que je donne de ce texte
aura atteint son but. Je vous prie donc de vous en souvenir.

Les tourments du samsara

Les expériences de bonheur ou de souffrance sont le
résultat d'actes positifs ou négatifs ; c'est pourquoi les
actes nuisibles doivent être abandonnés et la vertu culti-
vée autant que possible.

Même le plus petit insecte qui vit dans l'herbe souhaite
être heureux, mais il ne sait pas comment accumuler les
actes positifs qui sont la cause du bonheur. Il ne sait pas
non plus éviter les causes de souffrance que sont les actes
négatifs. Lorsque les animaux s'entre-dévorent, ils commettent d'instinct des actions nuisibles. Ils espèrent le
bonheur mais, dans leur ignorance, ne réussissent qu'à
semer les causes de leur malheur et n'expérimentent que
la souffrance.

Si l'on pouvait, par chance, expliquer aux êtres la loi
du karma, ce qu'ils sont loin d'être à même de comprendre dans l'ignorance où ils sont plongés, ils accompli-
raient des actions positives comme si leur propre vie en
dépendait. Il nous faut clairement comprendre quel comportement il convient d'adopter, ce qu'il faut rejeter, et
mener notre vie en conséquence.

Sans commettre le moindre acte nuisible,
Pratiquez parfaitement la vertu,
Maîtrisez complètement votre esprit :
Tel est l'enseignement du Bouddha.

La doctrine du Bouddha tient tout entière dans ce quatrain. Pourtant, nous sommes à présent empêtrés dans un état d'illusion. Nous devrions prendre conscience de tous les actes négatifs que nous avons accumulés au cours de nos nombreuses vies et, à partir de maintenant, éviter de commettre de nouveaux méfaits, petits ou grands, avec autant d'attention que si nous protégions nos yeux. Il nous faudrait constamment examiner notre comportement, confesser immédiatement toute action négative et dédier à autrui toute action positive. De cette manière, nous devrions donner le meilleur de nous-mêmes pour abandonner le mal et cultiver le bien.

II

BODHICITTA OU ESPRIT D'EVEIL

L A bodhicitta, voie infaillible de l'Eveil, se présente sous deux aspects : l'aspect relatif et l'aspect absolu. La bodhicitta relative, qui se pratique à l'aide des processus mentaux ordinaires, est relativement aisée à développer. Pourtant, les bienfaits qui découlent de sa mise en œuvre sont incommensurables. En effet, celui dont l'esprit a donné naissance à la précieuse bodhicitta ne retombera jamais dans les mondes inférieurs du samsara. En définitive, les qualités de la voie du Grand Véhicule, foisonnantes et vastes comme les océans, se retrouvent à l'état concentré dans la bodhicitta, l'esprit d'Eveil.

Nous devons nous préparer à cette pratique en prenant les vœux du refuge et de l'esprit d'Eveil. Ainsi qu'il est dit dans une sadhana de Tchenrézi : « Prenez refuge dans les Trois Joyaux et méditez sur l'esprit d'Eveil ; considérez que tous les actes positifs que vous avez accomplis par le corps, la parole et l'esprit sont destinés à la multitude des êtres, vaste comme l'espace. »

Il est dit dans les enseignements : « Puisque les êtres sont innombrables, le fait de souhaiter leur bonheur apporte un bienfait sans limite. » Les êtres sont tellement nombreux ! Réfléchissez ! Dans cette seule pelouse, il peut y en avoir des millions et des millions ! Si nous souhaitons en établir quelques uns dans l'Eveil, le bienfait de cette aspiration sera aussi vaste que le nombre d'êtres est grand. C'est pourquoi nous ne devrions pas limiter notre bodhicitta à quelques-uns d'entre eux. Où que s'étende l'espace, des êtres existent et vivent dans la souffrance. Pourquoi faire des distinctions et considérer certains comme des ennemis pleins de haine, d'autres comme des amis affectueux, écarter les uns pour s'attacher aux autres ?

Au fil de nos vies successives, depuis des temps sans commencement jusqu'à maintenant, nous avons erré dans le samsara en n'accumulant que forfaits. Lorsque nous mourrons, nous n'aurons pas d'alternative aux mondes inférieurs. En revanche, si nous concevons la pensée et le souhait d'amener tous les êtres à l'Eveil, nous aurons produit ce que l'on appelle « bodhicitta en intention ».

Nous devrions alors prier le maître et le yidam pour que la pratique de la bodhicitta prenne racine en nous, réciter la prière en sept parties tirée de la *Prière d'actions parfaites* puis, dans une posture très droite, compter vingt et une respirations sans nous tromper ni en sauter aucune, sans être distrait par quoi que ce soit. Si nous pouvons rester bien concentrés sur notre respiration le temps d'un chapelet entier, les pensées discursives s'apaiseront et la pratique de la bodhicitta relative s'en trouvera facilitée d'autant. C'est ainsi que l'on devient un réceptacle correct pour la méditation.

Bodhicitta absolue

Considérez toute chose comme un rêve.

Peut-être pensons-nous que certains de nos ennemis nous sont hostiles de façon permanente, qu'ils l'ont été pendant des générations et qu'ils le resteront à l'avenir. Ce n'est pourtant pas du tout comme cela que les choses se passent.

De même que nous ignorons tout de ce que nous avons été ou de l'endroit où nous avons vécu dans nos existences passées, nous ne pouvons pas être sûrs que les personnes hostiles qu'il nous faut combattre aujourd'hui n'ont pas été nos parents dans nos vies précédentes. Lorsque nous mourons, nous n'avons pas la moindre idée de l'endroit où nous allons renaître et ne pouvons savoir si nos ennemis ne vont pas devenir nos propres parents. Aujourd'hui, nous avons confiance en nos chers parents mais, après avoir quitté cette vie, qui sait s'ils ne renaîtront pas parmi nos ennemis ? Parce que nous ne savons rien de nos vies passées et futures, nous avons l'impression que nos ennemis nous seront toujours hostiles et que nos amis seront toujours affectueux. Cela montre bien que nous n'avons jamais vraiment réfléchi à la question : la réalité est toute différente.

Pour se pencher plus soigneusement sur ce problème, on peut par exemple imaginer une situation dans laquelle un grand nombre de personnes apportent leur concours à un projet compliqué. A un certain moment, ils s'entendent tous bien, se sentent proches les uns des autres ; confiants, ils mettent chacun la main à la pâte. Mais un jour, un événement quelconque fait qu'ils se dressent les uns contre les autres, au point de s'entre-tuer. De tels renversements de situation sont fréquents et peuvent survenir plusieurs fois au cours d'une seule vie. Leur cause sous-jacente réside simplement dans le fait que les choses composées ne sont pas permanentes.

Ce précieux corps humain, bien qu'il soit l'instrument suprême pour atteindre l'Eveil, est lui-même un phénomène transitoire ; nul ne sait quand viendra la mort, nul ne sait comment elle viendra. Les bulles se forment à la surface de l'eau, mais, l'instant d'après, elles disparaissent, elles ne restent pas. Il en va exactement de même pour le précieux corps humain que nous avons réussi à obtenir. Nous prenons tout notre temps pour nous mettre à la pratique, mais qui sait quand cette vie va finir, tout simplement ? Une fois ce précieux corps humain perdu, notre flux mental continue son existence et prend naissance parmi les animaux, dans l'un des enfers, ou bien chez les dieux, là où le développement spirituel est impossible. Même la vie dans un monde céleste, avec tout son confort et ses plaisirs, est une situation inadéquate à la pratique en raison de la distraction et de la dissipation constantes qui caractérisent l'existence des dieux.

A présent, d'après la perception de nos sens, l'univers extérieur – terre, pierres, montagnes, rochers et falaises – semble permanent et stable comme une maison en béton armé sensée durer des générations. Mais il n'y a rien de solide dans tout cela, ce n'est rien d'autre qu'un royaume sur lequel on régnerait le temps d'un rêve.

Autrefois, lorsque le Bouddha vivait entouré d'une foule d'Arhats et que les enseignements étaient florissants, combien de bâtiments les bienfaiteurs leur ont-ils élevés ! Qu'en reste-t-il sinon des plaines désertes ? C'est là un exemple de l'impermanence. De même, par le passé, dans les universités de Vikramashila et de Nalanda[12], des milliers de pandits se rassemblèrent pour consacrer leur temps à la formation de gigantesques assemblées monastiques. Mais aujourd'hui, on n'y trouve pas même un moine ni même un seul volume des enseignements du Bouddha. C'est cela, l'impermanence.

Nous pouvons aussi prendre l'exemple d'événements appartenant à un passé plus récent : avant l'arrivée des communistes chinois, combien y avait-il de monastères dans ce qu'on appelait alors le Tibet, le Pays des Neiges ? Combien y avait-il de temples comme ceux de Lhassa, Samyé, Trandrouk[13] ? Combien y avait-il d'objets précieux, représentations du Corps, de la Parole et de l'Esprit du Bouddha ? Maintenant, il ne reste pas même une statue. Tout ce qu'il reste de Samyé, c'est quelque chose de la taille de cette tente, à peine plus grand qu'une remise. Tout a été pillé, démoli ou dispersé ; les grandes statues ont été détruites. Tout cela est bel et bien arrivé et nous montre l'impermanence.

De plus, pensons au nombre de maîtres contemporains qui vécurent en Inde, à Gyalwa Karmapa, à Kalou Rinpotché, à Dudjom Rinpotché, pensons aux enseignements qu'ils ont donnés, à la manière dont ils ont contribué à préserver la doctrine du Bouddha... Ils sont tous partis à présent, nous ne pouvons plus les voir et ils ne sont plus que des objets de prières et de dévotion. Tout cela à cause de l'impermanence. De la même manière, nous devrions essayer de penser à notre père, notre mère, nos enfants, nos amis...

Lorsque nous autres, Tibétains, avons fui vers l'Inde, les conditions étaient insupportables et bon nombre d'entre nous ont péri ; rien que parmi ceux qui m'entouraient, on déplorait chaque jour jusqu'à trois ou quatre morts. C'est cela, l'impermanence. Il n'y a pas une seule chose dans l'existence qui soit stable ou qui dure.

Sans une certaine compréhension de l'impermanence, il nous est difficile de pratiquer les enseignements sacrés. Si nous continuons à croire que tout va rester tel quel, notre situation s'apparente à celle d'un homme riche qui fait encore des projets sur son lit de mort. A-t-on jamais vu de tels gens évoquer leur vie future ? Cela prouve qu'ils n'ont jamais apprécié au fond d'eux-mêmes le caractère inéluctable de la mort. C'est là leur tort et leur illusion.

Qu'entend-on par illusion ? C'est ce que vit un aliéné quand il se rue dehors par un jour d'hiver et saute dans

l'eau glaciale pour se laver, bien trop dérangé pour se
rendre compte que son corps est en train de geler. De
même que pour nous cet homme est fou, pour un Bodhisattva, dont l'esprit est clair et exempt d'erreur, nos activités semblent aussi absurdes que celles des insensés.
Nous devrions être convaincus que nous nous trompons
complètement et que, lorsque les choses nous apparaissent comme elles le font, séparées de notre esprit, elles ne
possèdent pas la moindre réalité.

Qu'est ce qui crée l'illusion ? L'esprit lui-même : il la
crée lorsqu'il tient pour réel ce qui ne l'est pas. Pourtant,
il faut clairement comprendre que ces illusions sont en
fait distinctes de l'esprit lui-même, de la nature de bouddha ou tathagatagarbha. C'est la raison pour laquelle il
est possible de s'en défaire.

Mais que dire de l'esprit, ce créateur d'illusions ?
Peut-on considérer que l'esprit lui-même existe ? Pour
répondre à cette question,

> *Analysez la nature non-née de la conscience*
> *éveillée.*

Lorsque la colère se lève dans ce que l'on appelle
l'esprit, nous allons jusqu'à ignorer les dangers qui pour-
raient nous menacer. Le visage rouge de rage, nous em-
poignons nos armes et serions prêts à tuer, même un
grand nombre de gens. Mais cette colère est une illusion,
elle n'a rien à voir avec quelque force insurmontable qui
entrerait en nous. Son résultat est bien de nous envoyer
en enfer et pourtant, ce n'est qu'une pensée, immatérielle.
Rien qu'une pensée, et pourtant… Prenons un autre
exemple, celui d'un homme riche : quand il est heureux
et prospère, il se félicite au fond de lui-même de son
succès, mais lorsque ses biens sont confisqués par les
agents du fisc ou autres, son esprit sombre dans la dépres-

sion et la souffrance. Cette joie est l'esprit, cette tristesse est l'esprit.

Que dire de ce que l'on désigne par le terme de « pensées » ? Examinons l'expérience mentale, la pensée que vous avez à l'instant en m'écoutant attentivement, alors que je suis en train d'enseigner le Dharma : a-t-elle une forme ou une couleur ? Où la trouve-t-on, dans la partie supérieure ou inférieure du corps, dans les yeux, les oreilles ? Ce qu'on appelle esprit n'est en réalité pas là. S'il était véritablement *quelque chose*, il devrait avoir certaines caractéristiques : une couleur (blanc, jaune…), une forme (celle d'un vase, d'un pilier…), etc. Il devrait être grand ou petit, vieux ou jeune… Vous pouvez découvrir si l'esprit est une entité existante ou non simplement en vous tournant vers l'intérieur et en réfléchissant soigneusement. Vous verrez que l'esprit n'a pas de commencement, n'a pas de fin, et qu'il ne réside nulle part ; qu'il n'a ni couleur, ni forme ; qu'il ne peut être trouvé ni à l'intérieur ni à l'extérieur du corps. Et lorsque vous voyez qu'il n'existe pas comme une *chose*, demeurez dans cette expérience sans tenter de la définir ou la nommer.

Lorsqu'on a véritablement réalisé la vacuité, on est comme Milarépa[14] ou Gourou Rinpotché[15], qui n'étaient affectés ni par la chaleur en été ni par le froid en hiver, qui ne pouvaient être noyés ou brûlés par le feu. Dans le domaine de la vacuité, il n'y a ni douleur ni souffrance d'aucune sorte.

Nous-mêmes, qui n'avons pas compris la vacuité de l'esprit, lorsque nous sommes piqués par rien d'autre qu'un minuscule insecte, nous nous exclamons : « Aïe, ça fait mal ! » Ou encore, si quelqu'un se montre désobligeant, cela nous met en colère. C'est le signe que nous n'avons pas réalisé la vacuité de l'esprit.

En admettant que ce soit le cas et que l'on soit véritablement parvenu à la conclusion que le corps et l'esprit sont de nature vide, il est dit que lorsque cette conviction, désignée généralement comme l'antidote, se manifeste :

L'antidote disparaîtra de lui-même.

Certains, après avoir entendu parler du Dharma, se mettent à penser ainsi : « J'ai peur de ce qui va se passer après la mort ; je vais aller voir un lama pour prendre refuge et recevoir des enseignements. Après avoir reçu ses instructions, je me consacrerai avec ardeur à la pratique des prosternations, des vœux du refuge, de l'offrande du mandala, cent mille fois chacune ! » C'est indubitablement là le résultat de pensées positives ; mais les pensées, sans nature substantielle, ne durent pas. Lorsque le maître n'est plus là, qu'il n'y a personne pour montrer ce qui doit être accompli ou évité, la plupart des pratiquants obéissent au proverbe : « Les soi-disant ascètes deviennent riches, les soi-disant vieux maîtres mènent une vie de famille. » Tout cela pour dire que nos pensées sont impermanentes. C'est pourquoi il nous faut demeurer dans la reconnaissance que toutes les pensées et antidotes, dont la vacuité elle-même, sont de nature vide.

L'essence du chemin demeure dans l'alaya[16].

Mais comment demeurer dans la vacuité libre d'activité mentale ? L'esprit qui pense « je » est totalement dénué d'existence et de caractère substantiel. Pourtant, le concept de « moi » ou d'ego s'élève, auquel on s'accroche comme à quelque chose de réel, tangible et solide. C'est à partir de là que le corps vient à l'être avec ses cinq sens et ses huit consciences. Ce sont là des termes un peu techniques et difficiles à comprendre. Mais, par exemple, lorsque l'œil appréhende une forme, la perception a lieu par l'intermédiaire de la conscience visuelle. Si la forme est plaisante, nous pensons : « C'est beau ; j'aime. » En revanche, si nous voyons quelque chose d'effrayant, un fantôme ou quelqu'un qui s'apprête à nous tirer dessus, nous pensons : « Il va me tuer ! » et nous sommes horrifiés. Pourtant, ces événements qui semblent se passer « là-bas » ont, en vérité, bel et bien lieu « ici », à l'intérieur. Ils sont fabriqués par notre esprit.

L'esprit est toujours en relation avec un corps. Lorsque l'esprit et le corps sont réunis, apparaît la faculté de la parole. Une tente, tendue sur les côtés par des ficelles et soutenue par un mât en son milieu, devient une maison dans laquelle on peut vivre. De la même manière, notre corps, notre parole et notre esprit sont réunis pour un temps ; mais à notre mort, notre esprit entrera dans le bardo[17], laissant le corps derrière, et la parole cessera complètement d'exister. De plus, notre esprit ne sera accompagné ni par les biens que nous aurons accumulés au cours de notre vie, ni par nos père et mère, parents ou amis. Nous serons seuls, avec pour tout chargement le bien ou le mal que nous aurons accompli, impuissants à nous en défaire, tout comme on ne peut se détacher de sa propre ombre.

Que ce soit le corps de nos parents ou les reliques de notre maître, un cadavre est un cadavre, et c'est ainsi qu'on appelle le corps laissé au moment de la mort. Ces cadavres, bien qu'encore dotés de deux yeux ou d'une bouche, ne sauraient voir, ni proférer une seule parole. On peut les traiter avec respect, les couvrir de brocards et les placer sur des trônes ; ou bien les manipuler sans ménagement, les brûler ou les jeter à l'eau, cela ne fait aucune différence pour ces cadavres qui sont comme des pierres. Ils n'en sont ni heureux ni tristes, parce que leur esprit n'est plus là.

Lorsque l'esprit est positif, le corps et la parole, qui sont comme ses serviteurs, sont positifs de façon naturelle. Mais comment faire pour que l'esprit soit positif ? Pour le moment, nous nous accrochons à la notion d'existence réelle de l'esprit. Quand quelqu'un nous vient en aide, nous pensons : « Cette personne s'est montrée tellement bonne envers *moi* ; à l'avenir, je serai toujours son ami. » Cela ne fait que démontrer que nous ne savons rien de la vacuité de notre esprit. En ce qui concerne nos ennemis, nous réfléchissons à la manière de leur faire le plus de mal possible : au mieux, de les tuer, à tout le moins, de les déposséder de leurs biens. Nous pensons de la sorte simplement parce que nous croyons que l'hostilité envers les ennemis est une réalité véritable et permanente. C'est tout ce qu'il y a à dire. Il nous faut demeurer dans la vacuité de l'esprit, au-delà de toute élaboration mentale, dans cet état libre d'attachement, clair, au-delà de tous les concepts.

Pour parachever cette description de la bodhicitta absolue, le texte racine précise :

> *Après la méditation, considérez les phénomènes comme des illusions.*

Il est dit qu'en sortant de méditation, tous les phénomènes, nous-mêmes et les autres, l'univers et ses habitants, apparaissent à la manière d'une illusion. Il convient de le comprendre correctement.

Les grands Bodhisattvas ne viennent pas au monde à cause de leur karma ou de leurs émotions négatives, mais bien pour placer les êtres sur la voie de la libération. Ainsi qu'on peut le lire dans les histoires de ses vies passées, lorsque le Bouddha était encore un Bodhisattva, il prit naissance tantôt parmi les oiseaux, tantôt parmi les daims, etc., pour les instruire et les établir sur la voie du bien. Il naquit aussi comme un monarque universel pratiquant la générosité. Plus tard, au cours de sa quête du Dharma, pour entendre quelques lignes de la doctrine, il brûla son corps, se précipita dans le feu ou l'eau, sans égard pour sa vie. Ayant réalisé la vacuité, il n'en éprouvait aucune souffrance. Mais tant que nous n'aurons pas atteint ce type de réalisation, tant que nous nous accrocherons à l'idée que tout est stable et permanent, les actions de ce genre ne nous seront d'aucun profit. Ainsi, tant que nous nous efforçons d'atteindre cette réalisation, il faut continuer à nous comporter de la façon qui s'impose.

Bodhicitta relative

Nous allons considérer la pratique de la bodhicitta relative d'abord comme une méditation, puis comme une approche de la vie quotidienne.

Il est dit dans le texte racine :

Entraînez-vous à l'échange ;

Ce vers fait allusion à une pratique extrêmement importante. Comme le dit le grand maître Shantidéva[18] :

Celui qui veut sauver rapidement
Et soi-même et autrui
Doit pratiquer le grand secret :
L'interversion du moi et d'autrui.

Nous attachons grande importance à ce que nous considérons comme nous-mêmes et, par conséquent, aux pensées telles que *mon* corps, *mon* esprit, *mon* père, *ma* mère, *mon* frère, *ma* sœur, *mon* ami... Mais nous négligeons et ignorons même complètement le concept d'autrui. Il se peut que nous soyons généreux avec les mendiants et que nous donnions de la nourriture aux nécessiteux, mais il est indéniable que nous ne nous soucions pas d'eux comme de nous-mêmes, bien que ce soit précisément ce que nous devrions faire. A l'inverse, de même que nous sommes aujourd'hui capables d'ignorer autrui, nous devrions savoir nous ignorer nous-mêmes. C'est ainsi que la bodhicitta commence à grandir, c'est là l'extraordinaire et secrète instruction essentielle des Bodhisattvas.

Pour le moment, cette bodhicitta ne s'est pas encore éveillée en moi qui vous parle, et j'ai donc beaucoup de chance de pouvoir me référer à *L'Entraînement de l'esprit en sept points* pour vous donner toutes ces explications.

Une fois reconnue l'importance de la bodhicitta, on se rend compte que cet entraînement est une infaillible source d'Eveil. La précieuse bodhicitta est la quintessence des quatre-vingt-quatre mille sections de la doctrine. En entendant les mots d'un tel enseignement, il est impossible que les démons eux-mêmes, portés par nature à nuire et à tuer, ne conçoivent des pensées positives. Le Kham, région orientale du Tibet, était autrefois hanté par de nombreux fantômes et autres esprits malfaisants[19]. C'était l'une des raisons pour lesquelles Patrul Rinpotché[20] enseignait plus particulièrement *La Marche vers l'Eveil*[21] à ses disciples ; avant longtemps, les esprits disparaissaient ou au moins s'abstenaient de faire du mal à quiconque. Il en est ainsi du pouvoir caché de la bodhicitta.

> Certes, on ne saurait obtenir la dignité de Bouddha,
> Ni même le bonheur dans le monde de la
>   transmigration
> Sans échanger son bien-être
> Contre la peine d'autrui.

Nous obtiendrons l'Eveil lorsque nous serons capables de nous soucier des autres comme nous le faisons à présent de nous-mêmes, et de nous ignorer autant qu'à présent nous ignorons autrui. Ainsi, même s'il nous faut rester dans le samsara, nous serons libres de tout souci. Comme je l'ai dit plus tôt, lorsque les grands Bodhisattvas allaient jusqu'à donner leurs membres ou leur tête, ils n'en ressentaient aucune tristesse et ne se plaignaient pas.

Au cours de l'une de ses vies passées, le Bouddha était un monarque universel qui avait coutume de distribuer ses biens sans le moindre regret. Jamais il ne renvoyait les mendiants qui venaient à lui et cette réputation s'étendait au loin. Un jour, un brahmane[22] mendiant, animé de mauvaises intentions, vint lui présenter cette requête : « Je suis très laid et vous, très beau. Voudriez-vous me faire don de votre tête ? » Le roi voulut accéder à sa demande. Les reines et les ministres, effrayés à l'idée qu'il pût s'exécuter, confectionnèrent des centaines de têtes en or, en argent et en pierres précieuses qu'ils offrirent au mendiant. « Prenez ces têtes, et non celle de notre roi », imploraient-ils. « Que ferais-je d'une tête en joyaux ? répondit froidement le brahmane, je veux une tête humaine. »

Finalement, ils ne purent empêcher le mendiant de voir le roi. Celui-ci lui dit : « Je possède fils et filles, femmes et royaume, mais je n'ai d'attachement pour rien de tout cela. Je te donnerai ma tête dans le parc, au pied de l'arbre tchampaka. Si je peux le faire aujourd'hui, j'aurai, pour la millième fois, accompli un des actes de Bodhisattva qui consiste à offrir sa propre tête. »

Une fois au pied de l'arbre, le roi ôta ses vêtements, attacha ses cheveux à une branche et se trancha la tête. A l'instant même, la terre s'assombrit et, du ciel, tombèrent les cris et les pleurs des dieux, si puissants que les humains eux-mêmes pouvaient les percevoir ; reines, princes et ministres s'effondrèrent çà et là, sans voix. Indra, le seigneur des dieux, apparut alors et dit : « Roi, tu es un Bodhisattva, tu as fait don de ta tête, mais j'ai avec moi l'ambroisie qui rend la vie et avec laquelle je vais t'oindre. »

Comme le roi était un Bodhisattva, bien que sa tête ait été tranchée, son esprit était toujours présent et il pouvait encore parler. Il répliqua : « Je n'ai que faire de ton ambroisie qui rend la vie, Seigneur des dieux, et je peux bien remettre ma tête en place par le seul pouvoir de mes prières. » « S'il en est ainsi, voudrais-tu le faire ? » reprit Indra. Le roi s'exclama : « Si mes actes de générosité, tel que le don de ma tête un millier de fois au cours de mes précédentes existences, ont bien été désintéressés, s'ils n'ont été souillés par aucun regret ou quelque dessein négatif que ce soit, que ma tête reprenne sa place ! Mais si j'ai eu le moindre regret, la moindre pensée malveillante, ou encore des intentions contraires au bien d'autrui, qu'elle demeure séparée de mon cou ! »

A peine eut-il prononcé ces paroles qu'apparut sur les épaules du roi une tête en tous points semblable à celle qu'avait emportée le brahmane. Alors les reines, les princes et les ministres se réjouirent et administrèrent le royaume selon le Dharma.

Il n'est pas de souffrance pour ceux qui peuvent pratiquer la générosité de cette façon. Les Bodhisattvas viennent au monde pour accomplir le bien des êtres. Même s'ils sont rejetés par ceux qui, enchaînés par l'avidité, la haine et l'ignorance, ne font que créer ennuis et difficultés, ils ne conçoivent jamais la pensée d'abandonner leur tâche et demeurent parfaitement sans colère ni ressentiment. Ainsi qu'il est dit :

> Pour te libérer du mal
> Et libérer les autres de leurs souffrances,
> Donne-toi à eux,
> Et veille sur eux comme tu le ferais sur toi-même.

Il n'est pas recommandé dans un premier temps d'utiliser la méthode du don de son propre bonheur à tous les êtres : ceux-ci sont innombrables et votre méditation manquerait de stabilité.

Visualisez plutôt devant vous quelqu'un que vous aimez, votre mère par exemple. Quand vous étiez tout petit, elle peinait en vous portant dans son sein, ne pouvait travailler ou manger à l'aise, elle était même incapable de se lever ou de s'asseoir sans difficulté. Pourtant, elle n'a cessé de vous aimer et de prendre soin de vous. Juste après votre naissance, vous n'aviez pas assez de force pour tenir votre tête droite, vous étiez considéré comme un être vivant uniquement parce que vous respiriez. Votre mère vous prit pourtant sur ses genoux, petite chose qui ne la connaissait même pas, pour s'occuper de vous, vous laver et vous élever avec amour. Plus tard, il lui a fallu accepter la peine et les regards torves que provoquait votre mauvaise conduite, avec le seul souci de vous garder en vie.

Si vos parents étaient pratiquants, lorsque vous avez été assez grand, il vous ont initié au Dharma et fait rencontrer les lamas qui vous ont donné leurs instructions. En fait, c'est grâce à votre mère que vous disposez d'une précieuse vie humaine ; si elle n'avait pas été là, qui sait si vous auriez pu l'obtenir ? C'est pourquoi vous devriez lui être plein de reconnaissance. Réfléchissez non seulement à cette vie, mais aux innombrables autres existences que vous avez connues ; comprenez que tous les êtres ont été vos mères et ont pris soin de vous comme votre mère en cette vie. Lorsqu'elle vous regarde, elle ne fronce pas les sourcils, mais porte sur vous des yeux pleins d'amour. Elle vous appelle « mon enfant chéri », elle vous a élevé, vous protégeant de la chaleur, du froid et de tous les dangers. Elle a tenté par tous les moyens d'être l'artisan de votre bonheur. Même si elle avait pu vous offrir l'univers tout entier, elle n'en aurait pas été satisfaite pour autant et n'aurait jamais pensé en avoir fait assez. Votre mère est donc quelqu'un pour qui vous devriez ressentir une infinie reconnaissance.

Celui qui, en grandissant, abandonne ses parents au lieu de prendre soin d'eux, sera considéré avec raison comme un ingrat sans vergogne. Sans aller jusque là, il est inutile de prétendre respecter ses parents lorsqu'on ne se soucie que de sa propre personne. S'occuper d'eux au seul plan matériel, en leur fournissant nourriture, vêtements ou même un pays tout entier, ne leur sera que d'un profit temporaire. Mais si nous pouvons par surcroît les initier aux enseignements, qu'ils en viennent à comprendre la réalité douloureuse du samsara et se mettent à la pratique, celle de Tchenrézi par exemple, nous aurons réussi à les aider également pour leurs vies futures.

Encore et toujours, il nous faut travailler au bien de nos parents – tous les êtres vivants. Ils errent, hélas, dans les différents lieux infortunés du samsara, à la recherche de leur seul bonheur personnel. Nous aussi, nous errons de la même façon et pour les mêmes raisons. C'est pourquoi, à cet instant précis, nous devons prendre la ferme résolution de rendre à nos parents les bontés qu'ils ont eues pour nous, et de dissiper leurs souffrances.

Les êtres sont tourmentés par la souffrance. Dans les enfers, ils sont torturés par une chaleur extrême et un froid terrible. Dans le monde des esprits affamés, ils sont affligés par la soif et la faim. Les animaux souffrent d'être réduits en esclavage, les humains sont torturés par la naissance, la maladie, la vieillesse et la mort. Les anti-dieux passent leur temps à se battre et les dieux souffrent lorsqu'ils doivent quitter leurs demeures paradisiaques.

Les souffrances sont toutes le résultat d'actes négatifs, tandis que les actes positifs sont la source des plaisirs et du bonheur. Les graines négatives déposées dans la conscience fondamentale sont comme des reconnaissances de dette signées par quelqu'un qui emprunte de l'argent à un homme riche : même après des années, lorsque celles-ci lui sont présentées, le débiteur n'a d'autre alternative que de rembourser ce qu'il doit. Il en va de même de nos actions, positives et négatives : le résultat n'apparaît peut-être pas instantanément comme lorsqu'on se coupe avec un couteau, mais les effets de chacune de ces actions doivent être épuisés, soit par la purification et la confession, soit en faisant l'expérience de leurs conséquences ; elles ne disparaissent pas simplement comme ça, avec le temps.

C'est ce que l'on entend par les expressions « vérité de la souffrance » et « vérité de l'origine de la souffrance ». La souffrance est ce dont on fait effectivement l'expérience : la chaleur et le froid des enfers, la faim et la soif du monde des esprits affamés, etc... Son origine est comme la reconnaissance de dette signée au banquier, la graine de la souffrance qui nous affligera plus tard, pas nécessairement dans l'immédiat.

Imaginons donc que toutes les souffrances qui frappent nos mères, les êtres vivants, et les causes de leurs souffrances fondent dans notre cœur et qu'en retour nous leur offrons notre bonheur. Faisons-le de façon très nette et très vivante, remplis de bonheur et de joie en pensant que nous endurons cette souffrance pour leur bien. Offrant ainsi notre bonheur et nos actes positifs pour le bien des êtres, nous devrions oublier notre propre confort au point d'être prêts à donner notre vie pour eux. Nous devons essayer de créer une situation dans laquelle nos mères, les êtres vivants, peuvent être heureux ici et maintenant, une situation qui soit également favorable à leur pratique du Dharma. Il nous faut prier pour qu'ils puissent atteindre instantanément l'Eveil et nous réjouir si une telle chose arrive.

En pensant constamment à nos parents de cette manière, nous serons finalement capables de prendre soin d'eux mieux que de nous-mêmes ; il en sera de même à l'endroit de nos frères et sœurs, amis et conjoints. Nous élargirons alors cette perspective au point d'y inclure tous les habitants de notre ville, puis de notre pays. Une fois habitués à cela, nous l'étendrons à tous les êtres. En agissant progressivement, notre attitude deviendra plus vaste, nos sentiments plus stables et constants, notre amour toujours plus fort. Ainsi, en commençant par nos père et mère, nous devrions en venir à nous concentrer sur tous les êtres qui, au cours de nos vies précédentes, ont pris soin de nous comme l'ont fait nos parents dans cette vie-ci, et ressentir pour eux une immense gratitude. Sachant qu'ils endurent à présent toutes les formes de souffrance du samsara, nous devons entretenir cette pensée avec une compassion indéfectible : « Si seulement je pouvais les libérer de ces souffrances ! »

En résumé, animés par une grande compassion, nous imaginons que les souffrances des êtres fondent en nous et qu'en retour nous leur offrons notre corps, nos biens, nos actions positives du passé, du présent et du futur. Si nous voyons que certains sont heureux et que leurs actions positives s'accroissent, nous nous en réjouirons d'autant plus.

La pensée de l'échange du bonheur contre la souffrance viendra plus facilement en suivant les recommandations du texte racine :

Utilisez le souffle comme support.

Visualisez devant vous la personne que vous détestez le plus. Lorsque vous expirez, tout votre bonheur, vos actions positives et vos richesses s'écartent de vous comme un nuage poussé par le vent. Ils se dissolvent en votre ennemi, alors libéré de ses souffrances, rempli de joie, heureux, autant que s'il se trouvait dans la Terre Pure de la Grande Félicité[23]. Lorsque vous inspirez, toutes ses souffrances, actions négatives et obscurcissements s'absorbent en vous comme un nuage de poussière soulevé par le vent. Imaginez que les souffrances de votre ennemi se répandent véritablement en vous, sentez-en le poids comme si vous portiez vraiment un fardeau. Cela deviendra plus facile avec l'entraînement. En pratiquant de cette façon pendant longtemps, des mois et des années, vous vous familiariserez avec cet exercice et votre expérience se développera comme il se doit.

Autrefois, un disciple du lama Khentchen Tashi Euser vivait en ermite dans la montagne. Lorsqu'un serviteur de sa famille mourut, il pria pour lui et, une nuit, il eut un rêve lui indiquant que celui-ci avait repris naissance dans les enfers brûlants. Dès son réveil, il alla voir son maître pour lui raconter son rêve et lui demander de dire des prières à l'intention du malheureux.

Khentchèn Tashi Euser lui dit : « Je penserai à lui, mais tu dois aussi pratiquer la méditation de l'échange de ton bonheur contre sa souffrance. Si tu t'y appliques sans relâche, celui dont tu m'as parlé sera libéré des enfers. »

L'ermite retourna dans sa grotte et pratiqua assidûment la visualisation. Après sept jours, son corps se couvrit d'ampoules. Pensant que c'était là un signe, il retourna voir Khentchen Tashi Euser. « Vous m'avez recommandé la pratique de l'échange, dit-il, et maintenant, c'est comme si mon corps était passé dans le feu, je suis couvert d'ampoules. » Le maître reprit : « C'est en effet un signe. Le serviteur doit être à présent libéré des enfers chauds ; cela montre aussi que tu peux maintenant échanger ton bonheur contre la souffrance d'autrui. »

Nous devons pratiquer de la sorte jusqu'à ce que ce genre de signe apparaisse, sinon cet entraînement ne sera d'aucun bienfait.

Quand les disciples d'Adzom Droukpa[24] pratiquaient l'échange, appelé *tonglen*[25] en tibétain, ils le faisaient en particulier à l'intention de personnes qui avaient commis nombre d'actions très négatives. Quand ils avaient obtenu quelque expérience dans cette méditation, il arrivait souvent que leur compréhension ait tendance à se ternir et qu'ils sentent leurs obscurcissements s'accroître. Même si ce genre de signe apparaît, ce n'est pas pour autant l'indication que nous aurons à souffrir dans les vies futures.

Toute sa vie, Guéshé Karak Gomtchoung[26] pria ainsi : « Puissé-je renaître en enfer à la place de ceux qui ont accumulé de mauvaises actions. » Il répétait cette prière nuit et jour et, juste au moment de mourir, il déclara : « Mes prières ne sont pas exaucées ! Il semble qu'il me faille renaître dans la Terre Pure de la Grande Félicité ; où que je porte mon regard, je ne vois que jardins fleuris et pluies de pétales. J'ai pourtant prié pour que tous les êtres renaissent en ce champ pur et que je descende aux enfers à leur place, mais il semble bien que je n'y tomberai pas. » C'est à ce genre de résultat que mène la pratique de l'échange.

Trois objets, trois poisons et trois sources de bien.

Nous nous attachons aux objets qui nous plaisent et aux gens que nous aimons, nos parents, notre famille par exemple. En revanche, confrontés à des situations inconfortables, en face de gens que nous n'aimons pas, nous éprouvons de l'aversion ; et la vue de ceux qui ne sont ni nos ennemis ni nos amis nous laisse indifférents. Ainsi, les situations plaisantes provoquent l'attachement, les situations déplaisantes, la colère, et les situations neutres, l'ignorance.

Nombreux sont ceux qui, comme moi, se trouvent sous l'emprise des trois poisons ! Nous devrions prier ainsi : « Que les obscurcissements de tous les êtres, provoqués par les trois poisons, se rassemblent en moi pour que j'en porte le fardeau. Que tous les êtres mènent une vie vertueuse, agissent de façon positive et soient libres des trois poisons : l'attachement, la colère et l'ignorance. » Le fait de nous entraîner à penser constamment de la sorte sera d'un grand bienfait.

> *Dans toutes vos actions, ayez recours à des*
> *maximes.*

Choisissons par exemple une de ces maximes : « Puissent les actes négatifs et le mauvais karma mûrir en moi, mon propre bonheur et mes actes positifs mûrir au profit d'autrui. » C'est ce que les maîtres Kadampas avaient coutume de réciter sans arrêt. Il est bon de se répéter de telles strophes après la méditation. Ces prières seront d'un plus grand bienfait encore si elles sont dites devant un objet précieux, comme la statue de Jowo Rinpotché[27] à Lhassa, ou en présence d'un maître. Ce faisant, il est certain que notre bodhicitta grandira ; c'est pourquoi nous devrions consacrer le plus possible de temps et d'énergie à cette pratique.

> *Abordez la prise en charge de la souffrance*
> *En commençant par vous-même.*

Ayons ces pensées : « Puissent tous les tourments qui me sont destinés, chaleur et froid des enfers, faim et soif du monde des esprits affamés, etc., mûrir en moi maintenant. Puissent tout le mauvais karma et les obscurcissements qui précipitent les êtres dans les destinées inférieures mûrir en moi afin que j'aille en enfer à leur place. Puisse venir à moi la souffrance des autres, fruit de leur désir et de leur ignorance, ainsi qu'il est dit dans les enseignements. » Voilà comment nous devons nous entraîner, encore et toujours, jusqu'à ce que nous obtenions le même genre de résultat que Maitriyogi, qui fut blessé au même endroit que le chien frappé par une pierre.

La bodhicitta, ou esprit d'Eveil, facile à mettre en œuvre, est le cœur de la pratique des soûtras et des tantras. Avec elle tout est mené à bien, sans élle rien ne peut être atteint.

Ces jours-ci, vous recevez beaucoup d'enseignements sur l'entraînement de l'esprit donnés par différents maîtres. Ne les oubliez pas ! Une fois qu'ils seront traduits, souvenez-vous bien de ce que vous aurez compris, car c'est vraiment là tout le Dharma.

III

UTILISER LES SITUATIONS DIFFICILES COMME VOIE D'EVEIL

ON peut aborder l'étude de la bodhicitta sous deux nouveaux angles : bodhicitta en intention et bodhicitta en action. Le premier de ces sujets peut être à son tour divisé en deux points, selon qu'il est abordé sous l'angle de la vérité relative ou celui de la vérité absolue.

Lorsque le monde est empli de négativité,
Transformez l'adversité en voie d'Eveil.

Quand nous avons reçu les instructions sur la manière d'utiliser les situations difficiles comme voie d'Eveil, peu importe le nombre de revers et d'obstacles qu'il nous faut surmonter : ceux-ci ne feront que rendre notre pratique plus claire et n'auront aucun pouvoir d'obstruction sur la voie. En revanche, ne pas connaître ces instructions nous expose à considérer les difficultés de la vie comme des obstacles majeurs.

En cette époque dégénérée, les pluies et les neiges ne tombent pas quand il le faudrait, les récoltes sont maigres, le bétail est en piètre santé, hommes et bêtes souffrent de nombreuses maladies. Comme les gens ne consacrent leur temps qu'à des activités nuisibles, qu'ils se jalousent et ne souhaitent que le malheur d'autrui, nombreux sont les pays en désaccord avec leurs voisins et confrontés à une misère noire. Nous vivons à une époque où même les enseignements religieux sont pervertis, ce qui entraîne une recrudescence des famines, des maladies et des guerres.

Lorsqu'une forêt est la proie des flammes, la tempête n'a certainement pas pour effet de souffler l'incendie ; elle ne fait qu'attiser le feu. De la même manière, pour un Bodhisattva qui a reçu les instructions, les situations catastrophiques que le monde connaît de nos jours peuvent être mises à profit sur la voie de l'Eveil.

Gourou Rinpotché a dit : « Adressez-moi vos prières, êtres des âges décadents qui n'avez pas eu l'heur de rencontrer les Bouddhas et les Bodhisattvas des dix directions ; ma compassion sera prompte à vous protéger. » Pour vous en convaincre, pensez au Tibet où le Bouddha Shakyamouni[28] n'est jamais allé ; lorsque l'abbé Shantarakshita[29], Vajrapani[30] en personne, se rendit au Pays des Neiges pour enseigner le Dharma, son action fut contrecarrée par des forces négatives particulièrement féroces. Pour faire face à ces circonstances défavorables, on invita Gourou Rinpotché. Il s'en vint donc au Tibet et, avec les armes de la compassion et de la vacuité, soumit toutes les forces négatives et bénit le pays pour en faire la terre pure de Tchenrézi, permettant ainsi au Vajrayana de se développer et de briller comme le soleil. Voilà un exemple de l'activité des Bodhisattvas.

Nous pouvons certes penser que, pour être capables de transformer toute chose en voie d'Eveil, il faut en tous points ressembler à Gourou Rinpotché, auquel ne manquaient ni la réalisation ni les pouvoirs miraculeux, qualités dont nous ne disposons malheureusement pas. Il ne faut pas se laisser décourager par ce genre de pensées ; en nous conformant à ces instructions, nous saurons faire bon usage de toutes les difficultés au cours de notre entraînement spirituel.

La bodhicitta en intention à la lumière de la vérité relative

Toutes les souffrances proviennent du fait que l'on ne reconnaît pas l'ennemi : l'attachement à l'ego. Quand on nous frappe avec un bâton ou une pierre, cela fait mal ; si l'on nous traite de voleur ou de menteur, nous nous mettons en colère. Pourquoi ? Parce que nous nous tenons en haute estime et sommes très attachés à ce que nous considérons comme *nous-mêmes* ; nous pensons donc : « On *m*'attaque ! » L'attachement au moi est le véritable obstacle à la libération et à l'Eveil. Ceux que le « moi » appelle des faiseurs d'obstacles ou forces négatives – fantômes, dieux, démons – ne sont pas des entités extérieures. C'est de l'intérieur que viennent les ennuis. C'est à cause de notre fixation sur ce « moi » que nous pensons : « *Je* suis si malheureux, *je* n'ai rien à manger, *je* n'ai pas de vêtements, tant de personnes *m*'en veulent et *je* n'ai aucun ami. » Et ces pensées nous tiennent constamment occupés, ô combien en pure perte ! Voilà pourquoi nous ne marchons pas vers la libération et l'état de bouddha.

Au cours de toutes nos vies successives, depuis des temps sans commencement jusqu'à aujourd'hui, nous avons pris naissance dans l'un ou l'autre des six mondes. Combien avons-nous dû peiner dans les trois sphères du samsara[31], réduits en esclavage par notre attachement à l'ego ? C'est pour cela que nous ne pouvons pas en réchapper. Un homme qui a emprunté de l'argent n'a pas un instant de paix tant qu'il n'a pas remboursé sa dette. Il en est de même de notre attachement à l'ego qui nous pousse toujours à agir et laisse des empreintes négatives dans notre conscience fondamentale, pareilles à des reconnaissances de dettes. Quand notre karma parvient à maturité et que le « paiement » nous en est réclamé, il ne nous reste plus aucune chance de bonheur. Tout cela parce que, comme il est dit dans les enseignements, nous

ne reconnaissons pas que l'attachement à l'ego est notre
véritable ennemi. Et c'est aussi parce que nous ne reconnaissons pas la grande bonté des êtres. Le parfait Bouddha Shakyamouni a dit que, sur le chemin de l'Eveil,
travailler pour le bien des êtres avec bonté et compassion
et faire offrande aux Bouddhas sont d'égale valeur.
Comme on peut le lire dans *La Marche vers l'Eveil* :

> Les êtres sont un champ de mérite, comme les
> Bouddhas.

Ainsi, se montrer généreux avec les autres, les libérer
de la souffrance et les établir sur la voie de la libération
est aussi bénéfique que de faire des offrandes aux Bouddhas. Peut-être préférons-nous faire un don pour un
temple ou placer des offrandes devant une image du
Bouddha, mais en fait, plus on peut aider les êtres, plus
les Bouddhas se réjouissent, car ils sont parfaitement
libres de tout attachement à eux-mêmes.

Au moment où le Bouddha était sur le point d'atteindre l'Eveil, des forces démoniaques tentèrent de lui faire
obstacle en lançant contre lui leurs troupes et leurs armes.
Le Bouddha médita alors sur la bonté à leur égard, et son
immense amour submergea leur haine : il transforma
leurs armes en fleurs, et en louanges leurs insultes et cris
de guerre. Faire du bien aux êtres est vraiment le meilleur
moyen d'accumuler du mérite.

C'est pourquoi, dans la Terre Pure de la Grande Félicité, où il n'y a ni êtres dans la détresse, ni objets d'envie,
d'aversion ou d'orgueil, les Bodhisattvas prient pour
renaître dans notre monde d'affliction. En effet, comme
il est dit dans les soûtras, ils veulent se trouver dans un
endroit où les êtres, accablés de défauts, ne pensent qu'à
entasser des biens matériels et à satisfaire leurs proches,
se montrant par là-même de parfaits supports pour la
pratique de la bodhicitta et de l'entraînement de l'esprit.

Nous devrions éprouver de la reconnaissance pour les êtres qui sont la cause de la libération.

Ne blâmez qu'une seule chose.

Toutes les souffrances – maladies, esprits malfaisants, revers de fortune, poursuites judiciaires et autres – sont sans exception le résultat de l'attachement au « moi ». C'est effectivement lui qu'il faut tenir pour responsable de tous nos malheurs. C'est lui et lui seul qui est à l'origine de tout ce qui nous arrive de déplaisant. Il n'y a rien à reprocher aux autres. Que l'on vienne nous tailler à coups de sabre ou nous rosser avec un bâton, ce ne sont là que les circonstances momentanées de nos blessures ; la vraie cause de notre douleur est notre attachement à l'ego et non l'action de celui qui nous frappe. Ainsi qu'il est dit :

Toutes les catastrophes, toutes les douleurs,
Tous les périls du monde
Viennent de l'attachement au « moi » ;
Pourquoi me tenir à ce démon ?

Quand les gens croient que leur maison est hantée ou qu'un objet particulier est maléfique, ils ont recours à l'exorcisme ; les personnes ordinaires ont parfois ce genre de lubie, n'est-ce-pas ? Pourtant, les fantômes et autres démons ne sont que des ennemis extérieurs et ne peuvent pas vraiment nous nuire. Mais dès que surgit l'ennemi intérieur, l'attachement à l'ego, les ennuis commencent vraiment.

Cet attachement à l'ego n'a pourtant jamais eu de fondement ; on s'accroche à ce « moi », bien qu'en fait il n'y ait rien à quoi s'accrocher. En son nom, on fait du mal aux autres, on accumule un grand nombre d'actes négatifs, et tout cela pour endurer plus tard les souffrances des mondes inférieurs du samsara.

A l'adresse de l'ego, il est dit dans *La Marche vers l'Eveil* :

> Tu as passé des siècles innombrables
> A la recherche de ton intérêt ;
> Et pour le prix de cet immense effort,
> Tu n'as recueilli que douleur.

Il est impossible de désigner avec précision l'instant à partir duquel nous avons commencé à errer dans le samsara, et donc depuis quand nous y sommes. Sans la sagesse illimitée d'un Bouddha, il n'est pas possible de mesurer une telle éternité.

Empêtrés dans l'attachement à un ego illusoire, nous usons de ces termes : mon corps, mon esprit, mon nom. Nous pensons qu'ils nous appartiennent et en prenons soin. Que survienne la moindre menace, nous ripostons. Si quoi que ce soit leur vient en aide, nous nous y attachons. L'ensemble des pertes et malheurs qui en découlent est donc bel et bien l'œuvre de cet attachement à l'ego. Puisque c'est là l'origine de la souffrance, il est facile de voir que c'est bien lui notre ennemi. Notre esprit, qui s'est accroché à l'illusion du « moi », nous a causé tous les malheurs du samsara depuis des temps sans commencement. Comment cela arrive-t-il ? Lorsque nous rencontrons quelqu'un qui se dit plus riche que nous, plus savant ou dans une situation plus enviable, nous pensons qu'il se vante et que nous allons faire mieux. Envieux, nous cherchons à le rabaisser. Si d'aventure quelqu'un de moins favorisé que nous vient à nous demander de l'aide, nous réagissons avec mépris : « A quoi bon aider cet espèce de mendiant ? Il ne pourra jamais rien me rendre », et l'écartons de nos préoccupations. Que l'on rencontre un égal qui a un peu de bien, nous pensons aussitôt : « Il m'en faut autant. » S'il est célèbre : « Je veux être aussi célèbre que lui. » Qu'il ait une bonne situation, nous dirons : « Je vais tâcher de faire aussi bien. » Cette insatiable recherche vient de notre attachement à l'ego. C'est pour cela que nous ne sommes pas libres du samsara : c'est cela même qui crée les souffrances dont nous rendons responsables les esprits et autres êtres.

Un jour que Milarépa était harcelé par les dieux et les démons, il leur dit : « Si vous voulez mon sang, buvez-le ! Si vous voulez mon corps, mangez-le ! Sur-le-champ prenez ma vie et déguerpissez ! » Dès qu'il eut abandonné tout souci pour lui-même, toutes les difficultés s'évanouirent et les faiseurs d'obstacles lui rendirent hommage.

C'est pour cela que dans *La Marche vers l'Eveil*, Shantidéva dit à propos de l'ego :

> Que de fois déjà tu m'as livré à eux !
> Et quelles longues souffrances j'ai endurées !
> Maintenant, me souvenant de ta haine,
> Je t'écrase, ô serviteur de l'égoïsme.

En ce monde, une personne sérieusement mise à mal par une autre pensera certainement : « Je suis victime des odieux agissements de ce personnage, je vais riposter ; il doit être mis à mort ou, à tout le moins, jeté en prison ! Il faut lui faire payer jusqu'à son dernier centime ! » Si la victime réussit dans cette entreprise, elle sera considérée comme une personne avisée, honnête et courageuse, n'est-ce pas ? L'attachement à l'ego nous a fait tant de mal ! C'est donc cette sorte de rancœur que nous devons entretenir à son égard. En effet, c'est seulement si nous concevons véritablement l'idée de mettre un terme à cet attachement à l'ego qui nous a précipités dans la souffrance depuis des temps sans commencement, et seulement si nous avons fermement résolu de le perdre, que nous serons sur la voie de l'Eveil.

Ainsi, lorsque l'attachement au « moi » apparaît, alors qu'il n'est encore qu'une pensée, nous devrions essayer de voir de quoi il retourne : « Cet ego est-il tangible, est-ce une chose ? Se trouve-t-il à l'intérieur de moi, à l'extérieur ? » Quand nous pensons que l'on nous a causé du tort et qu'en nous se lève la colère, demandons-nous si cette colère est partie intégrante de l'ennemi ou bien si elle se trouve en nous-mêmes. Même chose pour l'attachement aux amis : notre sentiment est-il un attribut de ces amis, ou bien est-il en nous-mêmes ? Et s'il existe des sentiments tels que la colère et l'attachement, ont-ils une forme ou une couleur, sont-ils mâles ou femelles ? En effet, s'ils existent, ils doivent nécessairement avoir des caractéristiques.

En fait, en persévérant dans cette analyse, nous ne trouverons jamais rien. Quand on ne peut rien trouver, à quoi donc s'attache-t-on avec tant de persistance ? Toutes les difficultés qu'il nous a fallu endurer jusqu'à présent trouvent leur origine dans quelque chose qui n'a jamais existé ! Alors, dès qu'apparaît l'attachement à l'ego, nous devons nous en débarrasser sur-le-champ et faire tout ce qui est en notre pouvoir pour l'empêcher de réapparaître. Comme le dit Shantidéva dans *La Marche vers l'Eveil* :

> Où penses-tu aller ? Je te vois !
> J'écrase toutes tes fiertés ;
> Et le temps n'est plus
> Où j'étais perdu par toi.

Guéshé Shawopa[32] avait coutume de dire : « En cette courte vie, il nous faut subjuguer ce démon autant que possible. Exactement comme certains invitent des lamas pour qu'ils exorcisent leurs maisons hantées au moyen d'initiations et de rituels, nous devons, pour chasser le démon de l'attachement à l'ego, méditer sur la bodhicitta en essayant de nous établir dans la Vue de la vacuité. Comprenons que toutes nos expériences ne sont que le fruit des bonnes et mauvaises actions que nous avons commises dans le passé. » Il avait aussi l'habitude de donner des noms profanes aux actions égoïstes et des noms religieux aux actions dirigées vers le bien des autres.

Guéshé Ben[32], quant à lui, tenait en haute estime toute pensée positive qui lui venait à l'esprit et en faisait la louange, tandis qu'il appliquait instantanément l'antidote à toute pensée négative pour la chasser sans ménagement.

La seule et véritable arme qui permet de garder la porte de l'esprit est la lance de l'antidote. Il n'y a pas d'autre moyen. Si l'ennemi est fort, nous devons être d'autant plus en alerte ; s'il est faible, nous pouvons alors légèrement baisser notre garde. En cas de troubles dans son royaume, le roi est protégé jour et nuit, sans relâche, par ses gardes du corps. De la même manière, afin de repousser le fauteur de troubles qu'est l'attachement à l'ego, dès qu'il se montre, appliquons l'antidote de la vacuité. C'est ce qu'entendait Guéshé Shawopa par « rituel d'exorcisme ».

Ainsi, considérons l'attachement à l'ego comme notre ennemi. Lorsqu'il sera vaincu, il sera impossible de ne pas prendre soin des autres plus que de nous-mêmes.

Quand ce sentiment s'élève en vous,

Réfléchissez à la bonté des êtres,

parce qu'ils ont si souvent fait preuve d'une grande affection pour nous, alors qu'ils étaient nos parents. Parmi les mille Bouddhas de cet âge, il est dit que Shakyamouni est celui qui développa les plus larges aspirations. Alors que les autres Bouddhas ont formulé divers souhaits – atteindre l'Eveil pour le bien des êtres, manifester des terres pures, avoir une grande longévité et enseigner à de larges assemblées d'Auditeurs – le Bouddha Shakyamouni a souhaité renaître au cours des âges dégénérés, lorsqu'il

serait très difficile d'enseigner le Dharma aux êtres tourmentés par les maladies, les famines et les guerres. Il prit
naissance en parfaite connaissance de cause, et pria pour
que quiconque entendrait son nom ou son enseignement
puisse être établi aussitôt sur la voie de la libération. Voilà
pourquoi, grâce à ses aspirations et à l'armure de sa
détermination, le Bouddha Shakyamouni est sans égal,
honoré comme un lotus blanc parmi les mille Bouddhas
de cette ère bienheureuse.

Puisque l'Eveil dépend des autres, nous devons ressentir pour eux une grande reconnaissance et encore plus
d'amour et de compassion pour nos ennemis que pour
nos amis. Cela est très important, car l'amour et la compassion que nous éprouvons pour les parents, maris,
femmes, frères et sœurs sont spontanés et nous viennent
sans effort. Il est encore dit dans *La Marche vers l'Eveil* :

> C'est par les êtres, comme par les Bouddhas,
> Qu'on obtient les vertus d'un Bouddha ;
> Or, la vénération qu'on témoigne aux Bouddhas,
> On la refuse aux êtres : pourquoi cette différence ?

Lorsqu'on trouve une image du Bouddha ou même un
seul mot, une seule page d'enseignement sur le sol ou
dans un endroit sale, on les ramasse avec respect pour les
placer dans un endroit propre et élevé. Il nous faut respecter les êtres de la même manière. Dromteunpa[33] n'en-
jambait jamais un chien couché au milieu de la rue, mais
en se disant que l'animal était lui aussi un Bouddha en
puissance, il le contournait avec respect. Nous devrions
donc avoir une égale considération pour les Bouddhas et
pour les êtres. Dans toutes les sadhanas, immédiatement
après le refuge, on engendre l'attitude de la bodhicitta et,
dès lors, les êtres deviennent le support de notre pratique : c'est dire leur importance. Pour ceux qui veulent
atteindre l'Eveil, les Bouddhas et les êtres ont une bonté

identique : nous leur devons tant. Par égard pour eux, nous allons méditer fermement, engendrer un amour intense, leur souhaiter tout le bonheur possible et ressentir une grande compassion pleine du désir de les voir libres de la souffrance.

En présence de gens malades, faisons le souhait de prendre sur nous-mêmes leurs souffrances. En rencontrant un mendiant, sachons nous montrer généreux. C'est ainsi que l'on prend en charge les difficultés d'autrui en leur offrant bonheur, renom, longue vie, pouvoir, ainsi que tout ce que l'on possède.

En particulier, si nous sommes victimes du tort que nous infligent des êtres, humains ou non, il ne faut pas penser : « Il me fait délibérément du mal, je lui ferai payer ça, à lui et à ses descendants ! » Non, ne gardons pas de rancune. Pensons au contraire : « Pendant de nombreuses vies, celui qui m'est nuisible aujourd'hui a été ma propre mère ; celle-ci, n'épargnant pas sa peine pour mon bien et ignorant la médisance, a supporté de grandes souffrances dans le samsara. Pour mon bien-être, elle a accumulé beaucoup d'actes négatifs. Pourtant, sous l'emprise de l'illusion, je ne reconnais pas notre relation passée. Ce que j'endure de la part des autres vient de mon mauvais karma ; à cause des mes propres actions négatives, mon ennemi me fait du mal et accumule à son tour du mauvais karma dont il devra faire l'expérience plus tard. A cause de moi, cet être a souffert par le passé et souffrira certainement dans le futur. » Nous devons redoubler d'amour envers ces êtres : « Jusqu'à maintenant, je n'ai fait que nuire aux autres ; dorénavant, je les libérerai de leurs maux et leur viendrai en aide. » De cette manière, appliquons-nous assidûment à la pratique de l'échange.

Mordu par un chien ou frappé par quelqu'un, on cherchera en retour à aider au mieux l'agresseur ; et si c'est impossible, on n'abandonnera pas l'envie de le faire.

En présence d'un malade qu'on ne sait pas soigner, on visualisera le Bouddha de la Médecine au-dessus de la personne et on priera pour qu'elle puisse être libérée de la maladie. Agir de cette façon lui apportera immanquablement du bienfait. De plus, il faut prier avec une très ferme conviction pour que les victimes de la malveillance, accablées par la maladie ou les accidents, se voient libérées de la souffrance et atteignent rapidement l'Eveil. A partir de maintenant, répétons-nous : « Quels que soient les actes positifs que j'accomplirai, quels que soient les biens ou la longue vie que j'en tirerai, l'Eveil même, toutes ces choses seront dirigées exclusivement vers le bien des autres. Quoi qu'il m'arrive de profitable, je l'offrirai. Et peu importe que j'atteigne l'Eveil ou non, que ma vie soit courte ou longue, que je sois riche ou pauvre : rien de cela n'a d'importance ! »

Si nous pensons que nos agresseurs sont des non-humains, des démons, nous devons même nous dire : « Pendant d'innombrables vies, j'ai vécu de la chair et du sang d'autrui, il est normal qu'à présent je le paie. C'est pourquoi je vous donne tout. » Imaginons alors que nous disposons devant eux notre corps dépecé comme celui d'un animal sur l'étal du boucher. Dans la pratique du *Tcheu*[34], il est dit :

> Vous qui venez de loin, mangez-le cru !
> Vous qui êtes tout près, mangez-le cuit !
> Pulvérisez mes os et mangez à votre faim !
> Tout ce dont vous pouvez vous charger,
>   emportez-le !
> Dévorez-moi autant que vous le pourrez.

En déclamant bien fort ce qui précède, abandonnons nos attachements et imaginons que les esprits nuisibles sont repus, leur corps saisi de félicité, qu'ils sont délivrés des émotions négatives et font l'expérience des deux bodhicittas. C'est ainsi qu'on offre sa propre chair à ceux que l'on considère comme des fantômes et autres démons qui se repaissent de chair et de sang. Imaginons alors qu'avec cette offrande de notre corps, ils sont complètement satisfaits, sans plus aucune intention de nuire, l'esprit positif, heureux, et qu'ils pensent avoir été bien servis.

En bref, toutes les souffrances viennent de l'ennemi qu'est l'attachement à l'ego ; tous les bienfaits viennent des autres, qui sont par là-même comme nos parents et amis. Pensons à eux le plus possible. Comme le disait Langri Thangpa Dordjé Guieltsen[35] : « De tous les profonds enseignements que j'ai lus, voilà ce que j'ai compris : mes soucis et mes maux ne viennent que de moi ; mon bien-être et mes qualités ne viennent que des autres. Aussi, tout le profit de ma victoire, je l'offre à autrui, et toute défaite, je la prends à mon compte. » Considérant que cela résumait tous les textes qu'il avait étudiés, il en fit la méditation de toute sa vie.

La bodhicitta en intention à la lumière de la vérité absolue

> La vacuité est la protection suprême ;
> Les apparences illusoires sont alors perçues
> Comme les quatre Corps.

La souffrance inhérente à l'univers et à ses habitants est l'effet de perceptions erronées dont il importe de saisir la nature. Les émotions négatives de colère, d'attachement et d'ignorance sont toutes des créations de l'esprit. Nous pensons de notre corps qu'il est un bien très précieux dont il faut prendre particulièrement soin en le protégeant des maladies et des autres accidents. Habitués à ce genre de pensées, nous commençons du même coup à souffrir mentalement et physiquement. Voilà un exemple de perception appelée trompeuse, car dénuée, en réalité, de tout fondement, et qui dépend de la croyance en l'existence de quelque chose qui n'existe pas du tout. C'est comme en rêve : on croit être brûlé ou noyé et on découvre au réveil que rien de tel n'est arrivé.

Du point de vue de la vérité absolue, les phénomènes n'ont pas de réalité. Ce que nous concevons comme « moi » – mon corps, mon esprit, mon nom – n'a pas d'existence réelle. Les autres êtres non plus n'ont pas d'existence réelle, soient-ils nos chers parents ou nos pires ennemis. De même, les cinq poisons sont vides d'existence propre. A partir de là, en gardant ce fait à l'esprit, on cherche l'origine de ces phénomènes, à quoi ressemblent leurs causes, et à quoi ressemblent les émotions elles-mêmes. L'examen prouve qu'il n'y a rien que l'on puisse trouver. Cette absence est le Corps absolu, non-né, ou dharmakaya.

Bien que tout soit « vide » par nature, la vacuité n'est pas le simple espace vide d'un vase, par exemple, dans lequel il n'y aurait rien. Le bonheur, la souffrance et tous les sentiments, toutes les perceptions se réfléchissent sans fin dans l'esprit. Ce fait d'apparaître, à la manière d'un reflet, est le Corps de manifestation ou nirmanakaya.

Une graine non plantée restera graine et ne se transformera pas en fruit. De même, ce qui n'est jamais né ne cessera jamais d'être. Etre sans origine, c'est forcément être sans cessation. Cet aspect de non-cessation est ce que l'on entend par Corps de parfaite jouissance ou sambhogakaya.

S'il n'y a ni naissance par le passé, ni cessation dans le futur, il ne peut y avoir quelque chose qui demeure dans le présent, parce que l'existence implique nécessairement un début et une fin. On peut penser, par exemple, que durant la vie l'esprit réside dans le corps, mais il n'y a ni lieu de résidence ni objet qui réside. Il n'y a pas d'existence ni de non-existence. Se disséquerait-on le corps en séparant la peau, la chair, les muscles et le sang, où pourrait-on trouver l'esprit ? Se tient-il dans la chair, dans les os ou ailleurs ? L'esprit est introuvable, parce qu'il est vacuité. Le fait que l'esprit soit vacuité, que les phénomènes y apparaissent néanmoins et qu'il transcende toute origine et par conséquent, toute cessation, voilà l'union inséparable des trois Corps, le Corps essentiel ou svabhavikakaya.

Quand les perceptions illusoires sont envisagées sous l'aspect des quatre Corps, elles n'ont rien d'impur : point n'est besoin de s'en défaire ; non plus qu'il se trouve quelque chose d'autre, pur et exempt d'illusion, qu'il conviendrait d'adopter. Car, lorsque l'illusion s'évanouit, la sagesse exempte d'illusion est simplement présente, comme elle l'a toujours été. L'or dans la terre est terni et taché mais sa nature n'est pas sujette au changement. Purifié par un traitement chimique ou raffiné par un orfèvre, le véritable caractère de l'or paraît au grand jour. De même, en soumettant son esprit entaché d'illusion à une analyse qui conclut que l'esprit, libre de naissance et de cessation, n'a pas de lieu de résidence, on découvrira la sagesse libre d'illusion. Par ailleurs, l'esprit tenu sous l'emprise de l'illusion, lui-même illusoire, est instable et fluctuant comme les expériences faites en rêve, tandis que la véritable nature des choses, inaltérée par l'illusion, la nature de bouddha ou tathagatagarbha, a toujours été présente en nous depuis des temps sans commencement. Il en est exactement de même pour les Bouddhas et pour nous. C'est en vertu de cette nature que les Bouddhas peuvent aider les êtres et grâce à elle que ces derniers peuvent atteindre l'Eveil. Il n'y a pas d'autre manière d'appréhender les quatre Corps que de comprendre la vraie nature des perceptions illusoires.

Nous devrions donc remercier nos ennemis pour la stimulation qu'ils apportent à notre expérience de la bodhicitta, tant relative qu'absolue. Il en fut ainsi pour Milarépa : lorsque son oncle et sa tante s'en prirent à lui et à sa mère, les réduisant à la mendicité, il fut finalement poussé à chercher l'aide de Marpa[36]. Il pratiqua alors avec tant de diligence qu'en une seule vie il atteignit l'accomplissement suprême et sa réputation s'étendit dans tout le Tibet, et même jusqu'en Inde. Tout ceci à cause d'agissements malfaisants. C'est pourquoi nous devons être reconnaissants pour la stimulation que ce genre d'actes engendre. En effet, tant que nous ne savons pas appliquer l'antidote précédemment décrit et que les émotions surgissent sans que nous nous en rendions compte, ce sont ceux qui nous nuisent qui nous en font prendre conscience. Ils peuvent par conséquent être considérés comme des émanations de notre maître et des Bouddhas.

Frappés d'une maladie mortelle ou même d'un simple malaise, nous devrions penser : « Si je n'étais pas malade, je ne penserais pas au Dharma et me perdrais en activités futiles. C'est parce que je souffre que je pense à la mort et me tourne vers les enseignements pour y réfléchir. Tout cela n'est autre que l'activité de mon maître et des Trois Joyaux. » Nous savons tous à présent que la bodhicitta peut se développer dès qu'on a rencontré un maître et reçu ses enseignements. Si nous persistons à pratiquer fermement après avoir semé la graine de la bodhicitta dans nos cœurs, les faiseurs d'obstacles et leur cortège d'ennuis, en fait, toutes les souffrances en général, vont conspirer pour faire croître notre bodhicitta. Il n'y a donc aucune différence entre nos ennemis et nos maîtres. Sachant que la souffrance fait prospérer les deux bodhicittas, il nous faut en tirer profit.

Lorsque Shantarakshita vint enseigner au Tibet, son œuvre fut considérablement gênée par les démons malfaisants et les esprits locaux. De terribles orages finirent par emporter le palais de la Colline Rouge. Ces événements désastreux poussèrent Shantarakshita et le roi à inviter Gourou Rinpotché, dont la venue permit enfin aux enseignements du Bouddha de briller comme le soleil. Si ces forces négatives ne s'étaient pas manifestées, peut-être Gourou Rinpotché ne serait-il pas venu au Tibet. Et si le Bouddha n'avait pas eu à affronter les démons, peut-être n'aurait-il jamais atteint l'Eveil. Faisons bon usage des situations adverses et méditons sincèrement, encore et toujours.

La bodhicitta en action

La meilleure des méthodes est celle des quatre pratiques.

Les quatre pratiques dont il est ici question sont l'accumulation, la purification, les offrandes aux forces négatives et les offrandes aux protecteurs du Dharma.

L'accumulation. Quand nous n'allons pas bien, nous souhaitons naturellement ne plus souffrir. Dans ces moments-là, voyons là le signe qu'il nous faut accumuler du mérite, réciter le nom du Bouddha de la Médecine, source du bien-être, et faire des offrandes aux Bouddhas et aux Bodhisattvas. On peut aussi faire des offrandes au maître et aux Trois Joyaux, rendre hommage à la communauté monastique et offrir des tormas[37] aux esprits. Il faut prendre refuge et engendrer la bodhicitta et, tout en offrant un mandala au maître et aux Trois Joyaux, prier en ces termes : « S'il vaut mieux pour moi être malade, je prie pour qu'il en soit ainsi, afin que je puisse purifier les voiles et obscurcissements dus à mon mauvais karma. Si la guérison signifie en revanche que je vais accomplir le Dharma, pratiquer mentalement et physiquement la vertu, faire des progrès sur la voie, je prie pour que vos bénédictions m'apportent la santé. Mais s'il est préférable pour moi de mourir et de renaître dans une terre pure de Bouddha, je vous adresse ma prière : accordez-moi la grâce de mourir. » Cette prière est très importante, car elle libère de l'espoir et de la crainte.

La purification. La douleur et l'inconfort nous rappellent que la seule façon d'éviter les souffrances, même mineures, consiste à s'abstenir de toute action négative. Quant à la purification, quatre forces sont nécessaires pour s'y employer.

La première est la force du regret, sentiment impérieux que l'on développe à l'encontre des actes négatifs commis par le passé, comme si l'on avait avalé du poison. Il est inutile de vouloir confesser ses fautes sans ce sentiment de regret qui est un profond dégoût des méfaits.

La deuxième est la force de la détermination à nous améliorer : par le passé, nous n'avons pas su reconnaître le caractère pernicieux des mauvaises actions ; désormais, au prix même de notre vie, nous nous abstiendrons de tout mal.

La troisième est la force du support : comme il est impossible de se confesser sans quelqu'un à qui se confesser, nous prenons comme objet de notre pratique les Trois Joyaux dont les Corps, Parole et Esprit sont parfaitement libres de toute action nuisible et de toute partialité. Une fois qu'on a pris refuge en eux, la meilleure méthode de purification consiste à engendrer la bodhicitta en leur présence. Il est dit que toutes les forêts seront consumées en un instant par le feu de la fin du kalpa ; de même, toutes les actions négatives sont complètement purifiées par le vœu de la bodhicitta.

La quatrième force est celle de l'antidote : la méditation sur la vacuité. Les actions négatives sont en effet vides par nature et ne sont pas des entités indépendantes dotées d'une existence substantielle. Un autre antidote est celui du mantra, celui de Tchenrézi par exemple, dont il est dit que le simple rappel à la mémoire peut provoquer l'Eveil. Les six syllabes du Mani[38] correspondent à l'accomplissement, par Tchenrézi, des six vertus transcendantes et en sont la manifestation. En entendant ce mantra, les êtres sont libérés du samsara et, en y pensant, ils accomplissent les vertus transcendantes. Les bienfaits du Mani sont tels que si l'on utilisait la terre comme papier, les arbres comme stylos et les océans comme encre, cela ne suffirait pas à les décrire, et si les Bouddhas eux-mêmes entreprenaient de les exposer, cette explication n'aurait pas de fin. Des pratiques comme la vacuité ou la récitation du Mani constituent l'antidote de la juste conduite. Le Bouddha dit dans *Le Soûtra du lotus blanc de la compassion* que si une personne pratique correctement la récitation des six syllabes, même les parasites qui vivent dans son corps renaîtront dans la terre pure de Tchenrézi.

La confession est correcte lorsque ces quatre forces sont présentes. Ainsi que le disaient les maîtres Kadampas : « Les mauvaises actions n'apportent aucun bienfait ; elles ont cependant une seule qualité, celle de pouvoir être purifiées par la confession. »

Les offrandes aux forces négatives. Lorsque nous procédons à ces offrandes, disons avec une grande conviction : « Quand vous me nuisez, je m'exerce à la patience ; vous m'aidez ainsi à pratiquer la bodhicitta et je vous en suis reconnaissant. Faites usage de votre grand pouvoir pour que puissent se rassembler en moi toutes les souffrances des êtres ! » Si nous manquons d'un tel courage, nous pouvons simplement offrir des tormas avec amour et compassion en priant : « Je vais essayer de vous être agréable, maintenant et à l'avenir ; n'entravez pas ma pratique du Dharma. »

Les offrandes aux protecteurs du Dharma. Quand nous offrons des tormas aux protecteurs du Dharma, Mahakala, Pelden Lhamo et les autres, nous leur demandons de nous aider dans notre méditation et notre pratique de la bodhicitta, afin d'être capables de considérer tous les êtres comme nos parents ou nos enfants. Prions alors pour nous délivrer entièrement de la colère envers nos ennemis et venir à bout de l'attachement à l'ego. Demandons-leur d'écarter de notre chemin toutes les sources de conflit et de rassembler les circonstances propices.

> *Utilisez comme voie d'Eveil les circonstances*
> *imprévues*
> *Dès qu'elles se manifestent.*

Nous ne pouvons jamais être certains de ne pas tomber sous le coup de la maladie, des forces négatives et autres obstacles. Quand nous tombons sérieusement malades, que nous sommes par exemple atteints d'une maladie du cœur, pensons à tous les êtres qui souffrent comme nous, aussi loin que s'étend l'espace, et imaginons avec une très forte compassion que toutes leurs souffrances se concentrent dans notre propre cœur. Si nous croyons être tourmentés par des forces négatives, pensons : « En me faisant souffrir, ces êtres nuisibles m'aident à pratiquer la bodhicitta ; ils sont d'une importance capitale pour mes progrès sur la voie de l'Eveil. Plutôt que de les chasser, je devrais les remercier. » Ayons pour eux autant de reconnaissance que nous en avons pour nos maîtres.

Nous ne sommes pas en mesure de prendre immédiatement sur nous la souffrance des gens qui sont dans le malheur. Il nous faut donc prier pour devenir capables de les soulager de leur infortune. Des prières de ce genre porteront finalement leurs fruits. Et encore, en voyant des gens sous l'emprise de très fortes émotions, nous devons prier : « Puissent ces émotions se rassembler en moi. » Avec une conviction fervente, maintenons cette pensée jusqu'à parvenir à des signes ou au sentiment d'être effectivement capables de prendre sur nous-mêmes les souffrances et les émotions d'autrui. Ces signes pourront se manifester comme un renforcement de nos propres émotions ou comme la véritable expérience de la souffrance d'autrui.

C'est ainsi que l'on utilise les difficultés sur la voie de l'Eveil, avec pour objectif de se libérer des espoirs et des peurs, l'espoir par exemple de ne pas tomber malade et la peur de contracter une maladie. Espoir et peur s'apaiseront dans l'égalité du bonheur et de la souffrance. Finalement, par le pouvoir de la bodhicitta, nous atteindrons même un point où nous serons libres de l'espoir de réaliser cette bodhicitta et de la peur de ne pouvoir le faire.

Il est donc bon de ressentir de l'amour pour ses ennemis, d'essayer autant que possible de ne pas se mettre en colère contre eux et de ne concevoir aucune pensée négative à leur encontre. Il faut aussi essayer de surmonter l'attachement excessif à sa famille et ses proches. Lié à un solide tuteur, un jeune arbre qui pousse de travers finira par se redresser. Jusqu'à présent, notre esprit a toujours été tordu et n'a fait que penser à la meilleure façon de tromper les autres ; mais cette pratique, comme explique Langri Thangpa, saura le redresser et le rendre loyal.

IV

LA PRATIQUE COMME MODE DE VIE

Pour résumer les instructions essentielles :
Appliquez les cinq forces.

LA bodhicitta s'élève en celui qui possède ces cinq forces : la résolution, la familiarisation, les graines positives, le dégoût et l'aspiration.

La force de la résolution. C'est le fait de prendre de fermes résolutions telles que celle-ci : « Au cours de ce mois ou de cette année, jusqu'à ma mort ou jusqu'à l'Eveil, je n'abandonnerai pas la bodhicitta, je ne laisserai pas la colère naître en moi, et je renforcerai cette résolution, encore et toujours. »

La force de la familiarisation. Au début, la méditation est difficile, mais elle se fait beaucoup plus facile quand nous persévérons dans sa pratique. « Il n'y a rien à quoi on ne puisse s'habituer », comme on dit.

Il y avait autrefois un homme très avare, incapable de se séparer de quoi que ce soit. Il alla voir le Bouddha et lui dit : « Je ne peux pas être généreux, que faire ? » Le Bouddha lui donna alors ce conseil : « Imagine que ta main droite est toi-même et que ta main gauche est quelqu'un de très pauvre et de très malheureux. Prends avec ta main droite des restes de nourriture que tu n'aimes pas ou dont tu n'as pas besoin et donne-les à ta main gauche. Fais-le jusqu'à ce que tu ne ressentes plus d'avarice. »

L'homme commença à s'exercer ainsi, mais il était si pingre qu'au début, il ne pouvait donner que très peu, qu'il s'agisse de restes ou de nourriture qui ne lui plaisait pas. Pourtant, progressivement, il s'habitua au fait de donner, au point de ne plus se sentir trop parcimonieux. Il retourna voir le Bouddha et lui dit : « A présent, je ne me sens plus trop avare quand ma main droite donne à ma main gauche. » Le maître lui répondit alors : « Maintenant, continue à imaginer que ta main droite, toi-même, donne de l'or, de la soie ou des vêtements de prix à un mendiant, qui serait ta main gauche. Vois si tu peux donner ouvertement, sans avarice. »

Lorsqu'il fut à l'aise dans cette nouvelle pratique, il revint voir le Bouddha qui lui dit : « Tu es libre d'attachement et peux maintenant être un bienfaiteur, donner de la nourriture et des vêtements à ceux qui en ont besoin. » Libéré de son avarice, l'homme vint en aide à de nombreux mendiants et pauvres gens. En persévérant de la sorte, sa générosité se fit grande, stable et sans hésitation. Il comprit que l'avarice et l'attachement aux richesses ne sont d'aucun profit. Il prit les vœux monastiques et atteignit l'état d'arhat.

Autrement dit, une pratique persévérante permet d'accomplir les deux bodhicittas.

La force des graines positives. Il s'agit en fait de l'accumulation des mérites. En allant dans les temples et les monastères, en faisant des prosternations devant les objets sacrés, il nous faut prier ainsi : « Puissé-je être capable de cultiver les deux bodhicittas, être paisible et sans colère à l'égard de ceux qui me font du mal et libre de l'attachement exclusif à mes proches. » En priant ainsi de façon continuelle, et par le pouvoir des Bouddhas et des Bodhisattvas, nous pourrons accomplir ces qualités.

La force du dégoût. Au moyen d'une analyse attentive, il est possible de se rendre compte que la souffrance et les états émotionnels dont on fait l'expérience dans la vie résultent des débordements dévastateurs de l'attachement à l'ego. C'est la cause de tout mal. Ainsi, il faut, lorsque naît cet attachement, ne serait-ce qu'un instant, appliquer tout de suite l'antidote comme un médecin administre un médicament à son patient. Connaissez-vous ce proverbe ? « Frappez le cochon sur le groin, nettoyez la lampe à beurre encore chaude. » Un cochon en colère qui charge fera immédiatement volte-face et s'enfuira si on le frappe sur le groin avec un bâton, car la douleur lui est insupportable. Il est bien plus facile de nettoyer une lampe à beurre quand elle est encore chaude. De même, en appliquant l'antidote avant que l'attachement à l'ego ne prenne de l'ampleur, nous ne tomberons pas en son pouvoir.

La force de l'aspiration. Chaque fois que nous avons accompli une action positive, nous devrions formuler ce vœu : « A partir de maintenant et jusqu'à ce que j'atteigne l'Eveil, puissé-je ne jamais abandonner les deux bodhicittas. Puissé-je être capable de prendre les difficultés et les conflits comme le support de ma pratique orientée vers l'Eveil. » Nous pouvons aussi faire des offrandes aux maîtres, aux Trois Joyaux et aux protecteurs du Dharma en invoquant leur aide.

Il est dit de ces cinq forces qu'elles sont comme la seule syllabe *Houng*, qui, dans ses cinq constituants, réunit l'ensemble des enseignements. Cela signifie que les instructions profondes et détaillées sur l'entraînement de l'esprit sont toutes incluses dans ces cinq forces. C'est pourquoi nous devons les pratiquer du fond du cœur comme le Bouddha lui-même alors qu'il était, dans une vie antérieure, le roi ermite Kshantivadi, « Celui-qui-pratique-la patience ».

L'histoire raconte qu'ayant abdiqué en faveur de son jeune frère, Kshantivadi se retira en ascète dans la forêt. Un jour, son frère le roi, parti en promenade dans la forêt, se sentit las et décida de faire un somme. Pendant ce temps-là, ses épouses, ses ministres et sa suite s'en allèrent voir Kshantivadi qu'ils savaient retiré dans les environs pour lui demander des enseignements. A son réveil, se voyant seul, le roi pensa que ses reines, ses ministres et sa suite l'avaient abandonné et entra dans une sombre colère. Il partit à leur recherche et les trouva assemblés devant l'ermite. Ne comprenant pas que le saint homme était en train d'enseigner le Dharma, il pensa que l'ascète cherchait à égarer et corrompre son entourage.

« Qui es-tu ? » s'écria-t-il, ne reconnaissant pas son frère aîné, lequel avait renoncé au monde alors que lui-même était encore un nourrisson. « Je suis l'ermite Kshantivadi, le Patient », répondit son frère. Le roi reprit : « Eh bien, nous allons voir si tu mérites tant ce nom. Voyons ce que tu peux supporter. » Sitôt dit, il trancha la main droite du sage. « Cela, peux-tu le supporter ? » demanda-t-il. « Oui, je le peux », répondit l'ermite. Le roi lui trancha alors la main gauche en s'écriant : « Es-tu toujours Kshantivadi le Patient ? Cela aussi, peux-tu le supporter ? » L'ermite répondit : « Oui. » Alors le roi décapita le sage en criant : « Et ça, tu peux le supporter ? » La réponse vint aussitôt : « Oui. »

Au lieu de sang, les blessures de l'ermite répandaient une substance semblable à du lait. Se calmant, le roi comprit qu'il ne s'agissait pas d'un être ordinaire et demanda à son entourage qui était cet homme. « C'est votre frère Kshantivadi qui jadis renonça au trône pour se retirer dans la forêt », lui répondit-on. Pris d'un terrible remords, le roi fondit en larmes. Mais Kshantivadi était un Bodhisattva et, bien que sa tête fût tranchée, il pouvait encore parler : « Tu as coupé mes mains et ma tête au fur et à mesure que tu me posais des questions ; quand je serai un Bouddha, puissé-je trancher tes obscurcissements au fur et à mesure de tes questions ! »

Par la suite, Kshantivadi devint le Bouddha Shakya-mouni et son frère l'un de ses premiers disciples. Après son Eveil, ses cinq premiers disciples lui demandèrent : « Qu'est-ce-que le samsara ? » Le Bouddha répondit : « Le samsara est souffrance. » Les disciples demandèrent alors : « D'où vient la souffrance ? » La réponse fut : « La souffrance est provoquée par les émotions obscurcis-santes. » Les disciples poursuivirent : « Comment suppri-mer les causes de la souffrance ? » Le Bouddha : « Suivez la voie. » Les disciples demandèrent alors : « Quel bienfait y a-t-il à suivre la voie ? » Le Bouddha répondit : « Elle conduit tous les karmas et toutes les émotions à leur cessation. »

C'est grâce à cet enseignement que les cinq disciples atteignirent l'état d'arhat. Ainsi, bien que sa tête ait été tranchée sous l'influence de la colère, grâce au pouvoir de ses prières d'aspiration, Kshantivadi transforma cette mauvaise relation karmique en cause positive, de sorte que le roi devint plus tard son disciple. On comprend ainsi pourquoi les enseignements du Dharma insistent tant sur la nécessité de faire des prières d'aspiration.

Nous allons à présent aborder les instructions sur la façon de se préparer à la mort selon les enseignements sur l'entraînement de l'esprit. En ce qui concerne la pratique du transfert de la conscience, le texte racine dit :

> *Les instructions du Grand Véhicule sur la mort
> sont les cinq forces ;
> La manière de les appliquer est très importante.*

Ces cinq forces sont les mêmes que les précédentes : les graines positives, l'aspiration, le dégoût, la résolution et la familiarisation.

La force des graines positives. Lorsqu'un pratiquant du Dharma comprend qu'il va mourir, que la mort le tient dans ses serres et qu'il n'est plus aucun moyen de prolonger sa vie, il doit faire des offrandes à son maître et aux Trois Joyaux, distribuer tous ses biens de la façon la plus profitable aux autres, et mettre de l'ordre dans ses affaires en essayant de s'en détacher complètement.

La force de l'aspiration. Tout en faisant l'offrande en sept parties à notre maître et aux Trois Joyaux, prions ainsi : « Puissé-je ne pas avoir peur dans le bardo et, dans mes vies futures, être béni par la pratique des deux bodhicittas. Puissent les Vainqueurs me bénir, et en particulier le maître qui m'a enseigné la bodhicitta et donné les instructions sur l'entraînement de l'esprit. » Prions de la sorte, encore et toujours, confiants dans le fait que notre maître prendra soin de nous.

La force du dégoût. Souvenons-nous que l'attachement à l'ego nous a fait trop de mal par le passé. Même à l'instant de notre mort, nous cultivons l'espoir de vivre encore, pleins d'attachement pour notre corps, ce si précieux trésor. Nous nous soucions de la manière dont il sera fait usage de nos biens : voilà encore des occasions de souffrir. Si nous ne pouvons pas nous défaire alors de ce genre d'attachement, nous ne trouverons jamais la paix. Nous devrions laisser aller notre corps comme s'il n'était qu'un tas de terre et de pierres. Comprenons qu'il ne vaut plus qu'on s'y accroche et que notre attachement à lui est la cause de toute notre souffrance. Regardez bien ! L'extérieur est recouvert de peau et l'intérieur est rempli de chair, de sang, d'os et de toutes sortes de matières dégoûtantes. Ce corps n'est rien d'autre qu'une outre pleine de substances repoussantes et il n'y a aucune raison de s'identifier à lui. Qu'on le brûle, que les oiseaux et les chiens le dévorent ! Cette façon de réfléchir permet de s'affranchir de l'amour de soi.

La force de la résolution. Gardons à l'esprit que lors du passage dans le bardo, en méditant sur la précieuse bodhicitta, nous méditerons en fait sur l'essence du cœur de tous les Bouddhas et Bodhisattvas. Il nous sera impossible de tomber dans les mondes inférieurs. Cette très ferme résolution de pratiquer la bodhicitta nous gardera des peurs du bardo.

La force de la familiarisation. Gardons constamment en mémoire les techniques décrites précédemment : la pratique des deux bodhicittas, l'échange du bonheur et de la souffrance, la compassion à l'égard des êtres hostiles. Nous devons vivre en conformité avec les enseignements sur l'entraînement de l'esprit et les garder constamment en mémoire ; ainsi, lorsque viendront la mort et les grandes souffrances qui l'accompagnent, nous serons capables de mettre ces instructions en pratique.

Maintenant, voici la conduite à tenir au moment même de la mort. Exactement comme le fit le Bouddha lorsqu'il abandonna son corps, on s'allongera sur le côté droit, la tête posée sur la main droite ; on respirera par la narine gauche en maintenant la narine droite bloquée par l'annulaire droit. En même temps, on méditera sur l'amour en souhaitant le bonheur de tous les êtres, aussi nombreux que le ciel est vaste, et on engendrera une forte compassion, animé du désir de les voir délivrés de la souffrance. En suivant le va-et-vient du souffle, on imaginera que l'on expire tout le bonheur, le confort et les biens que l'on possède, en les offrant à tous ceux qui souffrent, et que l'on inhale toutes les maladies et les émotions négatives des êtres pour les prendre sur soi-même.

Puis on fixera sa pensée sur le caractère illusoire du samsara et du nirvana, qui sont pareils au rêve ou aux productions d'un magicien. Tout est dénué d'existence intrinsèque, tout est perception de l'esprit. Là où rien n'existe, il n'y a pas de raison d'avoir peur, que ce soit ici-même ou dans le bardo. On demeurera dans cette conviction sans la moindre fixation mentale.

Une vieille femme et sa fille furent un jour emportées par les flots d'une rivière en crue. La mère pensa : « Si ma fille peut être sauvée, peu m'importe de mourir ! » La fille se dit : « Que m'importe de mourir, pourvu que ma mère soit sauvée ! » Aucune n'en réchappa, mais grâce à leur dernier souhait animé par un amour si puissant, elles renaquirent toutes deux dans le monde des dieux. Nous devrions avoir constamment ce genre de pensées aimantes et, au moment de la mort, méditer tour à tour sur les deux bodhicittas.

Il existe de très nombreuses instructions, dont certaines très célèbres, sur le transfert de la conscience au moment de la mort, mais aucune n'est aussi étonnante, merveilleuse et sublime que celle-ci.

V

CRITERES DE PROGRES DE L'ENTRAINEMENT DE L'ESPRIT

Le Dharma tout entier n'a qu'un seul but.

LE Bouddha a donné quatre-vingt-quatre mille enseignements, tous destinés à soumettre l'attachement à
l'ego. C'est la seule raison pour laquelle il les a donnés.
S'ils ne servent pas d'antidote à notre attachement au
« moi », toute pratique sera vaine, comme ce fut le cas
pour Dévadatta, le cousin du Bouddha. Il connaissait
autant de soûtras qu'un éléphant peut en porter sur son
dos, mais comme il ne pouvait se défaire de son attachement à l'ego, il tomba en enfer après sa mort.

On reconnaît l'usage correct du Dharma à la capacité
plus ou moins grande à vaincre l'attachement à l'ego. Il
faut donc y travailler dur.

Fiez-vous au meilleur des deux témoignages.

Lorsqu'on dit de nous que nous avons très bien pratiqué la bodhicitta, nous pouvons considérer cela comme
une sorte de témoignage ; au moins avons-nous réussi à
donner une bonne image de nous-mêmes. Mais, réflexion
faite, et sauf si les autres ont le pouvoir de lire dans notre
esprit, ils ignorent si nous sommes capables d'appliquer
les antidotes. Nos pensées leur restent en effet cachées.

C'est pourquoi il faut procéder à un examen minutieux : sommes-nous effectivement moins sujets à la colère, moins attachés à l'ego, capables de pratiquer l'échange du bonheur et de la souffrance ? Notre propre témoignage est le seul auquel nous pouvons nous fier. Faisons en sorte d'avoir une claire appréciation de nous-mêmes.

Milarépa dit : « Ma religion consiste à n'éprouver aucune honte au moment de la mort. » En général, les gens n'accordent aucune importance à cette façon de voir ; ils semblent calmes, paisibles, ils débordent de belles paroles et souhaitent entendre les autres dire d'eux qu'ils sont de véritables Bodhisattvas. Mais qui connaît vraiment le fond de leur pensée ? Ce que l'on perçoit n'est que leur comportement extérieur.

L'essentiel consiste à ne rien faire que l'on doive regretter par la suite ; voilà pourquoi nous devons nous observer en toute honnêteté. Malheureusement, notre attachement à nous-mêmes est si fort que même si nous possédons quelques petites qualités, nous les trouvons immenses. Et nous ne remarquons guère nos grands défauts. « Sur le pic de l'orgueil, dit un proverbe, l'eau des qualités ne peut rester. »

Soyons donc parfaitement circonspects. Si, après un examen soigneux, nous pouvons joindre nos mains devant notre cœur et penser honnêtement que toutes nos actions sont justes, cela prouve que nous commençons à acquérir de l'expérience dans l'entraînement de l'esprit. Nous devons alors nous réjouir de notre pratique passée et rester déterminés à mieux faire encore à l'avenir, à l'instar des grands Bodhisattvas. Par tous les moyens, toujours plus, nous devons essayer d'appliquer les antidotes et d'agir de manière à être en paix avec nous-mêmes.

Soyez toujours d'humeur joyeuse.

Grâce à la fermeté de leur entraînement spirituel, les maîtres Kadampas pouvaient rester d'humeur joyeuse en toute circonstance et voyaient toujours les choses du bon côté. Ainsi, même s'ils avaient contracté la lèpre, ils s'estimaient heureux, sachant que cette maladie n'entraîne pas une mort douloureuse. Bien sûr, la lèpre est terrible, mais si nous en étions frappés, il faudrait continuer la pratique de l'échange du bonheur contre la souffrance, en prenant sur nous toute la détresse des êtres atteints du même mal que nous.

Cette attitude nous rendra forts et, grâce au pouvoir de l'entraînement de l'esprit, nous nous sentirons capables d'utiliser toutes les situations difficiles comme voie d'Eveil. Quand nous pourrons le faire en toute confiance, ce sera le signe que nous avons gagné en expérience et nous resterons heureux quoi qu'il arrive.

Lorsque nous voyons des gens endurer des souffrances mentales ou physiques, ou en proie à l'adversité, prenons sur nous leurs maux, sans aucune crainte ni espoir, et faisons-en l'expérience. En particulier, bannissons de notre esprit ce genre de pensée : « Si les souffrances des autres venaient effectivement en moi, que ferais-je ? »

Si vous pouvez pratiquer tout en étant distrait,
vous avez acquis de l'expérience.

Les cavaliers expérimentés ne tombent pas de cheval. De même, si l'on sait tourner les circonstances difficiles et imprévues en avantages, et qu'au lieu de ressentir de l'irritation, on éprouve de l'amour et de la compassion, c'est là le signe que l'on a accompli l'entraînement de l'esprit. Il est donc vital de persévérer dans cette voie.

Ce genre d'expérience prouve une certaine accoutumance à l'entraînement de l'esprit, mais ne signifie pas pour autant que le travail soit fini. Même à l'apparition de ces signes, il nous faut continuer avec joie et diligence, toujours plus adeptes de cet entraînement et toujours d'humeur joyeuse. Un esprit maîtrisé et pacifié par la pratique se révélera de façon naturelle dans les activités extérieures. Comme on dit : « Quand on voit des canards, l'eau n'est pas loin » ou encore : « Pas de fumée sans feu. » Les Bodhisattvas eux aussi se reconnaissent aux signes extérieurs.

> Calme et sérénité attestent la sagesse,
> L'absence d'émotion montre les progrès sur la voie,
> La perfection ressort des vertus accomplies en rêve :
> Un Bodhisattva se révèle dans ses actes.

Des signes semblables se manifesteront en nous ; cela ne veut pas dire pour autant que notre tâche s'arrête là.

VI

ENGAGEMENTS LIES A L'ENTRAINEMENT DE L'ESPRIT

Entraînez-vous toujours aux trois principes généraux.

CES trois principes généraux sont les suivants : le respect des engagements liés à l'entraînement de l'esprit, l'absence d'ostentation ou d'affectation et l'impartialité.

Le respect des engagements liés à l'entraînement de l'esprit. Aux autres, donnons sans regret bonheur et qualités, en prenant sur nous-mêmes toutes leurs situations indésirables et leurs soucis, et en acceptant avec joie leurs souffrances. Efforçons-nous de les libérer de la douleur, plus particulièrement ceux qui nous nuisent, en leur offrant notre bonheur, petit ou grand, sans aucune arrière-pensée.

Il ne faut pas délaisser les engagements considérés comme « inférieurs » sous prétexte que l'on pratique l'entraînement de l'esprit. Sans oublier cet entraînement, il faut respecter et pratiquer parallèlement tous les préceptes, du Petit Véhicule jusqu'au Véhicule Adamantin, selon nos promesses, en les incluant toutes dans un seul et même mode de vie. Si nous en sommes capables, c'est là un extraordinaire marchepied pour toutes les voies du

Grand Véhicule. Observons donc tous nos vœux avec une attention égale.

L'absence d'ostentation ou d'affectation. Veillons à ce que, dans notre vie quotidienne, nos paroles soient en accord avec la véritable façon de pratiquer le Dharma. Evitons, par exemple, de faire croire que nous pratiquons le renoncement, alors que nous savons pouvoir en tirer parti. Abandonnons de même toute attitude visant à laisser croire que nous sommes libres de l'attachement à l'ego, comme faire étalage d'un grand courage dans une situation dangereuse, ou bien toucher ostensiblement des lépreux ou des malades contagieux. Il ne faudrait rien faire de ce que les maîtres Kadampas ne faisaient pas.

L'impartialité. Il ne faudrait pas, par exemple, se montrer impatient vis-à-vis de certaines formes de souffrances telles que les maladies ou les catastrophes naturelles, en tolérant par ailleurs le mal qu'infligent les êtres humains. Soyons polis avec les pauvres autant qu'avec les puissants, évitons l'attachement à nos proches et l'animosité à l'égard de nos ennemis. Soyons particulièrement respectueux avec les gens pauvres, humbles et sans importance. Rejetons toute partialité ! L'amour et la compassion doivent être universels, identiques pour tous les êtres.

> *Changez votre attitude et maintenez-la fermement.*

Depuis des temps sans commencement, notre attachement à l'ego nous fait errer dans le samsara. Voilà la racine de toutes nos souffrances, voilà le vrai coupable ! Abandonnant notre attachement à nous-mêmes et considérant autrui comme plus important que nous, prenons la décision d'agir sans hypocrisie et d'imiter par le corps, la parole et l'esprit, ceux de nos amis qui vivent en conformité avec les enseignements. L'entraînement de l'esprit se pratique dans la discrétion ; il n'est pas nécessaire de s'y appliquer de façon voyante, pour attirer l'attention ou se faire une bonne réputation. Ce doit être l'antidote intérieur à notre attachement à l'ego et aux émotions obscurcissantes. Nous devons amener notre esprit à maturité sans que personne ne le sache.

Ne parlez pas des infirmités d'autrui.

On ne devrait pas s'étendre sur les infirmités des autres et traiter d'aveugles, d'estropiés, d'idiots... ceux qui ne peuvent pas voir ou marcher correctement, qui manquent d'intelligence ou qui ont rompu leurs vœux. Bref, ne disons rien qui puisse blesser quiconque.

N'ayez pas d'opinion quant aux actions d'autrui.

Lorsque nous voyons des défauts chez les autres, plus particulièrement chez les pratiquants du Dharma, disciples du même maître, ou chez ceux qui, drapés dans la bannière de victoire des robes monastiques, reçoivent les offrandes des dieux et des hommes, nous devons comprendre que c'est l'impureté de nos perceptions qui est en cause. Quand on se regarde dans un miroir, on voit un visage sale parce qu'on a le visage sale. De même, les défauts d'autrui ne sont rien d'autre que notre façon impure de les percevoir. En pensant ainsi, on essaiera de supprimer cette tendance à trouver des fautes chez les autres et l'on cultivera l'attitude inverse, qui consiste à percevoir toutes les apparences et tout ce qui existe comme parfaitement purs.

Travaillez d'abord sur la plus forte de vos émotions.

Regardons soigneusement en nous-mêmes pour découvrir quelle est l'émotion la plus puissante. Si le désir est le plus fort, on méditera sur son antidote, la laideur. Si la colère l'emporte, c'est le remède de la patience que l'on appliquera. Face à un penchant naturel pour l'ignorance et la lourdeur d'esprit, on se tournera vers l'étude de la sagesse. Jaloux, on pratiquera l'équanimité.

Concentrons toute notre pratique du Dharma sur l'éradication des émotions principales. C'est en soumettant les émotions les plus grossières que nous serons spontanément libérés des émotions de moindre importance.

Abandonnez l'espoir d'un résultat.

L'entraînement de l'esprit a pour effet principal de libérer le pratiquant de l'espoir et de la peur. Nous ne devrions attendre aucune récompense de la pratique de l'échange de notre bonheur contre la souffrance d'autrui. Il est par exemple inutile de souhaiter que, grâce à notre pratique, des êtres non-humains puissent se rassembler en grand nombre autour de nous pour nous obéir, faire des miracles, inciter les hommes à nous servir, et nous apporter richesse et influence. Débarrassons-nous de toute idée égoïste et de toute arrière-pensée, comme celle de travailler pour les autres en espérant la libération individuelle ou la renaissance dans une terre pure.

Ne touchez pas à la nourriture empoisonnée.

Un proverbe dit : « Les actions positives animées par des visées égoïstes sont pareilles au poison. » Un plat empoisonné peut avoir l'air délicieux, être savoureux même, il entraîne cependant la mort, rapidement et à coup sûr. Voir dans l'ennemi un objet de haine, dans l'ami un objet d'amour, être jaloux du bonheur et du bien-être des autres, tout cela est enraciné dans l'attachement à l'ego. Une action positive dans laquelle s'est infiltré l'attachement au « moi », conçu comme une entité solide, se transforme en poison. Abandonnez donc toute forme d'égocentrisme.

N'ayez pas le sens du devoir.

Fidèles à la mémoire de leurs ancêtres, les familles continuent à s'échanger mutuellement leurs faveurs ; à l'inverse, nourrissant malheureusement des rancunes à l'endroit des ennemis de leurs aïeux, les gens se vengent. Débarrassons-nous d'un tel sens du devoir commun, trop fort et trop rigide.

Ne répondez pas aux insultes.

Si quelqu'un vous dit : « Tu n'es pas un bon pratiquant », ou encore : « C'était bien la peine de prendre des vœux », ne répliquez pas en faisant état de ses défauts. Traiter, par exemple, un non-voyant de sale aveugle ou un handicapé de vilain boiteux parce qu'il vous a insulté ne fera qu'attiser la colère, et en vous, et en lui. Aussi ne soufflez pas une seule parole qui puisse nuire à autrui ou lui être désobligeante. Quand les choses vont mal, il est inutile de blâmer les autres.

Ne guettez pas l'occasion.

Ici « guetter l'occasion » signifie se souvenir du mal qu'on nous a fait autrefois et attendre un moment de faiblesse de l'ennemi pour rendre la pareille grâce à l'appui de gens puissants, à la sorcellerie ou autres choses du même genre. Nous devons renoncer à toute pensée de ce type.

Ne soulignez pas les faiblesses.

Ne pointez pas les faiblesses d'autrui et ne récitez pas de mantras qui nuisent aux êtres non-humains.

Ne bâtez pas le bœuf de la charge du dzo[39].

Cela signifie qu'il ne faut jamais laisser retomber sur quelqu'un d'autre les remontrances que nous méritons ou les conséquences de nos propres actions. Les bœufs ne peuvent pas porter le chargement des dzos. Il ne faut pas non plus léser les pauvres et les faibles, en leur prêtant de l'argent à des taux usuraires, par exemple.

Ne faites pas de louanges avec des arrière-pensées.

Il ne faut rien faire qui vise à nous attirer les faveurs des gens dans le but de leur soutirer quelque avantage. Si nous détenons par exemple un bien en commun avec d'autres personnes, il ne faut pas essayer de leur faire céder leur part à notre profit en les flattant de la sorte : « Votre générosité est proverbiale », ou : « En étant généreux, vous accumulerez de grands mérites. »

Ne faites pas mauvais usage d'un bon remède.

Prendre sur nous-mêmes les souffrances d'autrui avec l'espoir d'un bonheur personnel ou dans l'attente que l'on dise de nous que nous sommes bons, patients, de vrais Bodhisattvas, et acquérir de ce fait une bonne réputation, ce serait faire mauvais usage du remède. Libérons-nous de telles intentions et ne prenons jamais sur nous la souffrance d'autrui avec ce genre de motivation.

Un autre comportement de ce type consiste à pratiquer l'entraînement de l'esprit pour guérir d'une maladie ou par peur des fantômes et des esprits. Si c'est vraiment ce que nous voulons, autant faire des cérémonies, réciter des mantras terribles ou châtier les esprits de quelque autre façon. Utiliser l'entraînement de l'esprit contre les fantômes ou autres forces est une activité égoïste qui ne diffère en rien de l'exorcisme ou de la magie noire. Les esprits malfaisants et les fantômes ne nuisent que parce qu'ils sont sous l'emprise de l'illusion. On ne pratique pas l'entraînement de l'esprit contre eux, mais pour les libérer de leur mauvais karma. S'ils nous font obstacle, nous devons alors pratiquer le *Tcheu* avec compassion et ils ne nous feront plus aucun mal. La pratique doit être un antidote à nos propres émotions négatives.

Ne ravalez pas un dieu au rang d'un démon.

Les gens ordinaires utilisent leur religion pour obtenir du succès en affaires, acquérir pouvoir et prospérité ; mais quand ils tombent malades ou perdent leurs avantages, ils pensent que leurs dieux sont mécontents et se mettent alors à les considérer comme des démons.

Si la pratique de l'entraînement de l'esprit nous remplit d'orgueil et de vanité, il en sera comme l'a dit Gampopa[40] : « Le Dharma incorrectement pratiqué nous entraînera dans les mondes inférieurs. » Ce n'est pas en étant prétentieux et pourris d'amour-propre que nous pratiquerons le Dharma. C'est à cause de notre orgueil que l'entraînement de l'esprit nous rendra plus durs et obstinés, au lieu de discipliner notre esprit comme il le devrait. Nous deviendrons tellement arrogants que même si nous voyions un Bouddha voler dans le ciel, ou quelqu'un souffrir atrocement, le ventre ouvert, les intestins à l'air, nous ne sentirions ni dévotion pour les qualités du Bouddha ni compassion pour la souffrance de ce malheureux. Le but même du Dharma sera alors complètement manqué. Il ne sert à rien de poster des soldats à la porte de l'est quand l'ennemi attaque à l'ouest. Quand on est malade, il convient de prendre les bons médicaments et de ne pas les mélanger n'importe comment, sinon la maladie empirera. De même, appliquons les enseignements comme un antidote à notre attachement à l'ego. Considérons-nous devant tous comme le plus humble des serviteurs en prenant toujours la place la plus basse.

Nous devons vraiment essayer d'être modestes et de nous oublier un peu nous-mêmes.

Ne tirez pas profit de la souffrance.

Si nous pensons : « Après la mort de ce parent, je pourrai récupérer ses biens : nourriture, argent, livres... » ou bien : « Lorsque ce bienfaiteur mourra, j'irai chez lui faire des cérémonies bien rémunérées » ; ou encore : « A la mort de ce pratiquant, j'aurai un rival de moins », ou : « Une fois cet ennemi mort, je ne me sentirai plus menacé », c'est que nous recherchons notre propre bien au détriment des autres. Ne nous engageons jamais dans de telles activités.

VII

CONSEILS POUR L'ENTRAÎNEMENT DE L'ESPRIT

VOICI quelques conseils supplémentaires sur la façon de pratiquer l'entraînement de l'esprit, destinés à renforcer et accroître la compassion et la bodhicitta.

Faites toute chose avec une seule intention.

Essayez de penser de façon altruiste. Prenons l'exemple de la nourriture et des vêtements. Quand on nous sert un mets délicieux, souhaitons que les êtres puissent manger une nourriture aussi bonne, ayons le désir de partager ce repas avec tous ceux qui ont faim. De la même manière, quand nous enfilons de bons vêtements, pensons : « Ah, si tout le monde pouvait être aussi bien habillé ! »

Dans toutes les difficultés, n'appliquez qu'une seule méthode.

Au cours de la pratique de l'entraînement de l'esprit, il se peut que l'on tombe malade, que l'on soit victime de forces négatives, que l'on souffre d'une mauvaise réputation, que les émotions obscurcissantes prennent de plus en plus de force et que l'on perde tout désir de continuer à pratiquer. Quand cela nous arrive, nous pouvons penser à la multitude des êtres affligés des mêmes maux et dont la conduite est en opposition avec les enseignements. En effet, bien que l'on explique la doctrine et les méthodes qui permettent de développer les qualités, personne ne veut écouter ; autant parler dans l'oreille d'un sourd. Non seulement cela, mais les gens mentent et volent le plus naturellement du monde, sans qu'on leur ait appris. Leurs actions et leurs aspirations divergent complètement, comment pourront-ils s'extraire du samsara et a fortiori des mondes inférieurs ? Il nous faut donc ressentir pour eux une grande compassion et, prenant leurs défauts sur nous-mêmes, souhaiter qu'ils cessent leurs actions négatives et s'engagent sur la voie de la libération. Souhaitons aussi que les êtres se dégoûtent du samsara et cherchent à s'en détourner, qu'ils engendrent la bodhicitta et que les effets de leur paresse et de leur indifférence en matière de Dharma mûrissent en nous-mêmes. Autrement dit, appliquons l'échange du bien contre le mal.

Deux choses à faire, pour commencer et pour finir.

Le matin, au réveil, prenez l'engagement suivant : « Tout au long de cette journée, je vais me souvenir de la bodhicitta. En mangeant, en m'habillant, en méditant, où que j'aille, je pratiquerai constamment. Si la bodhicitta s'écarte de mon esprit, je l'y ramènerai. Je la garderai toujours à l'esprit, je ne me laisserai pas aller à la colère, le désir ou l'ignorance. »

Nous devons faire l'effort de tenir ce vœu tout au long de la journée et, le soir, au moment de nous coucher, examiner si nous avons été capables de maintenir la bodhicitta, si nous avons pu aider autrui et si, d'une manière générale, nos actions ont été conformes aux enseignements. Si nous nous apercevons que nous avons agi à leur encontre, nous devons réfléchir : « Bien que j'aie découvert le Dharma et reçu de mon maître les enseignements du Grand Véhicule, je ne suis toujours pas capable de les mettre en pratique. C'est parce que pendant d'innombrables vies, j'ai tourné le dos au Dharma. Si je persiste, mon errance dans le samsara et les mondes inférieurs n'aura pas de fin. » Il faut réagir ainsi en confessant les manquements du jour. Prenons de plus la résolution qu'au cours de la journée suivante, ou du mois prochain, ou, au moins dans le courant de cette année, nous prouverons par quelques signes notre amélioration. Armons-nous de courage pour ne pas craindre d'abandonner nos défauts. En revanche, si nos actions de la journée n'ont pas été en contradiction avec les enseignements, si nous avons pu maintenir une disposition d'esprit altruiste, nous devrions être heureux et penser : « Aujourd'hui je me suis souvenu des enseignements de mon maître et j'ai pu réaliser ses souhaits. Demain, je ferai mieux, après-demain mieux encore. » C'est la meilleure façon de faire croître la bodhicitta.

Supportez-les, l'un comme l'autre.

Il peut arriver que la foi dans les Trois Joyaux et la pratique de la générosité aient pour effet karmique la richesse ou une position sociale enviable. On peut alors tomber dans l'autosatisfaction : « Je suis riche, important, excellent et je tiens le haut du pavé. » Si nous autres pratiquants entretenons ce genre d'arrogance, notre attachement à cette vie ne fera que croître, comme un démon entré dans notre cœur. En revanche, si nous profitons sans orgueil de notre bonheur, de nos biens matériels et de notre influence, nous comprendrons que ces choses ne sont que des illusions, des rêves sans substance qui s'évanouiront un jour. Il est dit des phénomènes composés : « Ce qui a été accumulé sera épuisé, ce qui a été élevé sera abaissé, ce qui a été réuni sera séparé. » N'oublions pas que demain peut-être il nous faudra dire adieu à tout cela.

Offrons alors aux Trois Joyaux et à notre maître ce que nous avons de mieux. Puissent-ils l'accepter avec joie et nous bénir afin que nous ne rencontrions pas d'obstacle sur le chemin de l'Eveil. Le bonheur n'est qu'un rêve agréable, puissent tous les êtres en faire l'expérience.

A l'opposé, quand nous sommes en proie à de très fortes émotions et contrariétés, que nous nous disputons avec tout le monde, et qu'il nous est alors impossible de pratiquer, nous devrions nous raisonner : « Je sais que tout n'est qu'illusion, je ne vais donc pas me laisser aller à mes sautes d'humeurs. Sans peur, je vais combattre chez les autres la pauvreté, la faiblesse, la maladie et la mort. » En bref, nous devrions être capables de penser que, tant que la précieuse bodhicitta ne décline pas en nous-mêmes, peu importe qu'il nous faille renaître dans les mondes inférieurs ou perdre tous nos biens. Quoi qu'il advienne, tel un mendiant en possession d'un joyau, nous ne renoncerons pas à la bodhicitta.

Défendez deux choses, même au prix de votre vie.

Ceci fait allusion aux vœux du Petit Véhicule, du Grand Véhicule et du Véhicule Adamantin d'une part et, d'autre part, aux vœux spécifiques à l'entraînement de l'esprit, à savoir : donner toute victoire et tout bienfait à autrui et prendre sur soi toute perte et toute défaite. Si nous nous y conformons, l'entraînement de l'esprit portera ses fruits. En revanche, si nous omettons d'observer ces vœux, nous n'obtiendrons rien à court terme, comme le bonheur dans cette vie ou une renaissance dans les mondes humains ou divins, ni rien à long terme, comme la félicité d'une renaissance dans une terre pure. C'est pourquoi il vaut mieux observer ces vœux à tout prix, comme nous protégeons soigneusement nos yeux des épines lorsque nous marchons dans les bois.

Apprenez à faire trois choses difficiles.

Ce sont les trois pratiques difficiles de l'attention, du rejet et de l'interruption du flot.

La première, la pratique de l'attention, consiste à reconnaître les émotions négatives dès qu'elles surviennent. Au début, il est effectivement difficile d'en être suffisamment conscient pour ce faire. Dès qu'une émotion se manifeste, il faut pouvoir l'identifier comme étant de la colère, de l'attachement ou de l'ignorance.

Une fois les émotions reconnues, la deuxième pratique consiste à les rejeter à l'aide des antidotes. Si une émotion incroyablement forte surgit et que l'on est impuissant face à elle, il faut lui faire front et s'interroger : où sont ses armes ? Où sont ses muscles ? Où sont sa grande armée et son pouvoir politique ? On peut alors se rendre compte que les émotions ne sont que des pensées sans substance, vides par nature ; elles ne viennent de nulle part, ne demeurent nulle part et ne s'en vont nulle part.

Lorsqu'on sait rejeter les émotions de cette façon, vient alors la pratique qui « interrompt le flot ». Cela signifie qu'à partir de l'antidote précédemment décrit, les émotions négatives disparaissent comme l'oiseau passe dans le ciel : elles ne laissent aucune trace derrière elles.

Ce sont là trois pratiques auxquelles il faut s'attacher avec grande ardeur.

Prenez appui sur trois facteurs indispensables.

Ces trois facteurs indispensables dont dépend l'accomplissement du Dharma sont les suivants : la rencontre d'un maître qualifié, l'attitude correcte qui naît de l'écoute de ses instructions et enfin les conditions matérielles nécessaires.

Tout d'abord, sans l'aide d'un maître authentique, on ne saura jamais comment pratiquer les enseignements. Si le Bouddha n'avait pas mis en mouvement la roue du Dharma, nous ne saurions pas quelles actions adopter et quelle conduite rejeter. Comment pourrions-nous, alors que nous n'avons pas la chance de rencontrer le Bouddha en personne, nous engager sur la voie de la libération sans suivre un maître ? Comment pourrions-nous reconnaître les voies fausses et inférieures ?

Ensuite, il faut pratiquer les enseignements avec une attitude calme et docile, sans être la proie des émotions négatives, comme on passe à l'huile le cuir dur pour le rendre souple et doux.

Enfin, puisque ce monde est celui du désir, il est impossible de pratiquer le Dharma si l'on n'a pas de quoi se nourrir ou se vêtir.

Ces trois exigences satisfaites, nous devrions être heureux à la pensée que nous possédons tous les atouts pour pratiquer les enseignements. C'est comme avoir un bon cheval pour une course dans la montagne : la route se fera sans encombre. Souhaitons que tous les êtres puissent connaître des conditions aussi favorables.

En revanche, en l'absence de tous ces facteurs essentiels ou d'une partie d'entre eux, nous devons penser que, bien que nous ayons rencontré le Dharma et reçu nombre d'enseignements et d'instructions, il nous manque toujours de quoi pratiquer correctement et que c'est là le lot de nombreux pratiquants. Ils sont victimes de ce qu'on appelle « le bon karma qui tourne mal ». Comme nous l'avons dit précédemment : « Les soi-disant ascètes deviennent riches, les soi-disant vieux maîtres mènent une vie de famille. » Nous devrions être sincèrement désolés pour eux et souhaiter du fond du cœur que ces mauvaises conditions mûrissent en nous-mêmes et que, grâce à cela, leur situation s'améliore.

*Méditez sur trois choses qui ne doivent pas
    dégénérer.*

Ces trois choses sont la dévotion, l'enthousiasme et la bodhicitta.

La dévotion pour notre maître est la source de toutes les qualités du Grand Véhicule. Sans elle, même si le Bouddha apparaissait devant nous en personne, nous ne pourrions reconnaître ses qualités et ses bénédictions ne sauraient entrer en nous. Le moine Bonne-Étoile et Dévadatta, le cousin du Bouddha, ne voyaient pas en lui un être éveillé et, se méprenant sur ses actions, le critiquaient. Ayant laissé libre cours à leur jalousie toute leur vie durant, ils renaquirent dans les enfers. Si notre confiance et notre dévotion sont telles que toutes les actions de notre maître nous semblent positives, même si celui-ci n'est pas un être supérieur, la sagesse de la réalisation se lèvera sans effort en nous-mêmes comme pour Sadaprarudita[41] qui, grâce à sa dévotion pour son maître, réalisa la vacuité. C'est pourquoi la dévotion ne doit jamais se dégrader.

Cet entraînement de l'esprit est la quintessence du Grand Véhicule. Il est comme le beurre qui provient du lait de la doctrine. Parmi les quatre-vingt-quatre mille enseignements du Bouddha, la bodhicitta à elle seule est amplement suffisante. Elle est en fait comme un médicament indispensable, tout simplement une chose sans laquelle rien n'est possible. Elle est la quintessence de tous les enseignements, en entendre parler est une chance merveilleuse et grande la bonté du maître qui l'enseigne. La grandeur de ce qu'il expose est en effet inconcevable.

Utiliser les instructions sur les quatre activités tantriques pour allonger sa vie ou pour vaincre ses ennemis, bandits et autres, ne revient qu'à travailler pour cette vie présente. Mais que dire de la précieuse bodhicitta ? Si seulement nous pouvons en avoir un éclair d'expérience ! Un seul instant d'attitude négative peut entraîner des souffrances pendant d'innombrables vies. A l'inverse, un instant de bodhicitta peut effacer tout le karma négatif accumulé au cours d'une infinité de kalpas. Toutes les accumulations de mérites et toutes les actions de purification se trouvent réunies dans une seule pensée de bodhicitta. Toute action sous-tendue par cette attitude s'approche des activités du Grand Véhicule, vastes comme l'océan. C'est pourquoi il faut pratiquer la bodhicitta avec une joie et un enthousiasme indéfectibles.

S'accoutumer à la bodhicitta, c'est comme maintenir un jardin propre, sans broussailles ni bois mort, sans mauvaises herbes ni insectes. Pratiquons-la en rassemblant toutes les qualités des Grand et Petit Véhicules, de façon à ressembler au boisseau qui se remplit de grain ou à la jarre que des gouttes d'eau finissent par emplir. Que nous pratiquions les vœux des laïcs ou l'entraînement des Bodhisattvas, ou encore les phases de développement et de perfection du Véhicule Adamantin, tout ce que nous faisons doit servir de support à nos vœux de bodhicitta. La pratique du Véhicule Adamantin doit en effet soutenir et confirmer nos engagements de Bodhisattvas.

Quoi que nous fassions, que nous écoutions ou méditions les enseignements du Dharma, tout doit nous aider dans notre entraînement. Si nous sommes capables d'utiliser la bodhicitta et toutes les circonstances de notre vie sur la voie de l'Eveil, des états d'esprit et des pensées positives se développeront en nous de façon extraordinaire. En usant de l'antidote, nous contrerons toutes les émotions négatives que nous avons entretenues jusqu'à maintenant. Ainsi, nous devrions toujours considérer la bodhicitta comme un ami constamment présent à nos côtés.

Maintenez ensemble trois choses.

Notre corps, notre parole et notre esprit devraient toujours être consacrés à des activités positives. Lorsque nous nous appliquons à des activités vertueuses, comme les prosternations, les circumambulations[42], etc., notre parole et notre esprit doivent être en harmonie avec les mouvements de notre corps. Lorsque nous accumulons des actes positifs par la parole, en effectuant des récitations par exemple, le corps et l'esprit doivent aussi participer. De la même manière, le corps et la parole doivent apporter leur concours à toute activité mentale positive. Bavarder ou entretenir des émotions négatives en effectuant des prosternations ou des circumambulations, c'est comme manger de la nourriture avariée. Le corps, la parole et l'esprit doivent donc agir à l'unisson quand ils sont engagés dans des actions positives.

Entraînez-vous dans tous les domaines ;
Votre pratique doit être vaste et profonde.

L'entraînement de l'esprit doit être pratiqué de façon parfaitement impartiale au profit de tous les êtres, humains ou non, sans choix ni préférence. Plutôt que de considérer toutes vos pensées comme des obstacles, faites en sorte de les utiliser pour qu'elles vous aident sur la voie. Ne vous contentez pas de prendre ce conseil pour de belles paroles ; faites-en quelque chose qui vous tient véritablement à cœur.

Méditez toujours sur ce qui est inévitable.

Méditez sur les difficultés auxquelles vous ne pouvez pas échapper et essayez d'engendrer la bodhicitta, d'autant plus intensément que cela est difficile. Méditez tout particulièrement sur l'amour et la compassion face à des personnes qui cherchent la compétition, à des amis qui,

soudain et sans raison apparente, deviennent des ennemis, ou encore face à des gens avec qui vous ne pouvez
pas vous entendre du fait de relations karmiques anté-
rieures.

Comme l'a dit Gourou Rinpotché : « Ne soyez pas un
souci pour vos aînés, servez-les avec respect. » En aidant
nos parents, nos maîtres et ceux qui sont dans le besoin,
nous marcherons sur les pas des Bodhisattvas. Abandonnons donc tout ce qui ne coïncide pas avec cette attitude.

Ne dépendez pas des conditions extérieures.

On peut avoir de quoi manger et se vêtir, être en bonne
santé et posséder tout ce que l'on veut, cela ne signifie pas
pour autant qu'il faut s'attacher à ce sort favorable ni en
devenir dépendant. A l'inverse, quand on est confronté à
de graves difficultés, il est bon de les prendre comme une
incitation au courage et de les considérer comme faisant
partie de la voie des Bodhisattvas.

Ne laissez pas tomber quand les choses vont mal ; bien
au contraire, c'est à ce moment précis qu'il faut pratiquer
la bodhicitta, en utilisant toutes les expériences comme
voie d'Eveil.

Cette fois, faites ce qui est important.

Au cours de nos innombrables vies passées, nous
avons pris différentes formes. Nous avons été riches ;
nous avons aussi été battus par nos ennemis et dépossé-
dés de tous nos biens ; nous avons connu les plaisirs des
dieux, mais aussi l'oppression politique ; nous avons été
lépreux et affligés d'autres maladies. Toutes ces expériences de bonheur et de souffrance ne nous ont rien
apporté. A présent, dans cette vie, nous sommes sur le
chemin indiqué par le Bouddha, nous avons rencontré un
maître, un ami spirituel vertueux, érudit et accompli.

Cette fois, nous allons mettre à profit ces circonstances et faire ce qui est important.

Un marchand qui aborderait dans l'Ile-aux-Joyaux pour rentrer chez lui sans une cargaison de pierres précieuses aurait honte de se montrer en public. Il en va de même pour nous qui réunissons à cet instant précis tant de conditions favorables à la pratique. Peu importe que nous soyons pauvres, inconnus et insignifiants, tant que nous faisons grandir en nous la bodhicitta.

Le Dharma a deux aspects : l'enseignement et la pratique. L'enseignement n'est que le travail de la bouche et ceux qui ne le pratiquent pas sont légions. Ne dit-on pas : « Nombreux sont ceux qui entendent le Dharma, mais très peu passent aux actes ; quant à ceux qui pratiquent un peu, ils s'écartent du chemin et se perdent. » Il est plus important de pratiquer le Dharma que de l'enseigner ou d'en parler ; c'est en effet quelque chose qu'il faut véritablement appliquer. Il se peut que nous récitions des millions de mantras et que nous fassions beaucoup de bonnes choses : rien de bon n'en sortira et la bodhicitta n'aura aucune chance de se développer si notre esprit est distrait. Par conséquent, adoptons-la comme pratique principale, avant toute autre.

Ainsi qu'il est dit :

> Une déité, Tchenrézi, personnifie tous les yidams ;
> Un mantra, le Mani, est la quintessence de tous les mantras ;
> Un enseignement, la bodhicitta, englobe toutes les pratiques de développement et de perfection.
> Connaissant ce par quoi tout est libéré,
> Récitez le mantra en six syllabes.

La bodhicitta est donc la reine des pratiques. Il est en outre préférable de suivre les instructions de nos maîtres avec une parfaite concentration plutôt que de pratiquer en s'appuyant sur des connaissances livresques et sur notre propre jugement. Traités par des procédés chimiques, l'or et le diamant s'épurent et prennent de la valeur ; de même, la pratique assidue des instructions de notre maître rendra notre compréhension de plus en plus profonde.

Le Bouddha lui-même a dit : « Traitez mes paroles comme l'or que l'on coupe, fond et raffine ; examinez bien ma doctrine, elle ne doit pas être acceptée simplement par respect pour moi. » La pratique des enseignements du Bouddha ressemble au travail de l'or : en écoutant, on gagne en compréhension, laquelle devient de plus en plus profonde et vaste à mesure que l'on médite. C'est pourquoi il est important de pratiquer avec grande concentration.

De toutes nos activités, la plus importante est de nous asseoir et de pratiquer. Nous n'avons pas besoin de nous agiter en tous sens mais simplement de rester assis. En nous levant, nous ne ferons que trébucher ! Restons donc assis dans une posture correcte, pas trop raide, en gardant à l'esprit que les meilleurs pratiquants sont ceux qui usent leur coussin et non les semelles de leurs chaussures. En fait, il est bien plus important d'appliquer les antidotes aux émotions négatives que de quitter son pays natal. En effet, si en quittant notre pays, nous ressentons plus d'attachement ou de colère, loin de favoriser notre pratique, nous ne faisons que lui nuire. La chose la plus importante est bien d'appliquer l'antidote.

Ne commettez pas d'erreur.

On compte six erreurs dont il vaut mieux se garder.

Le courage ou l'endurance déplacés. On peut sans doute avoir tendance à déplorer les difficultés qu'endurent courageusement les religieux pour continuer leur pratique

quoi qu'il en coûte, alors qu'ils manquent du strict nécessaire, qu'ils supportent le froid et la chaleur... Ils n'ont
pourtant pas besoin qu'on les plaigne. Leur dénuement,
qui de toute façon ne saurait durer, est le moyen par
lequel ils gagneront finalement la libération. Leur courage n'a rien à voir avec celui des « héros » qui, par ailleurs
bien incapables de supporter les mêmes difficultés, sont
prêts, pour écraser leurs ennemis et protéger leurs amis,
à se jeter en avant pour donner leur vie sur un champ de
bataille, ou à tomber sous la domination de féroces chefs
politiques. Leur courage est déplacé.

La persévérance déplacée. C'est aussi une erreur que de
chercher à accumuler des biens matériels, du pouvoir et
du confort dans cette vie au détriment de la pratique du
Dharma.

> Tournez votre esprit vers le Dharma,
> Le Dharma vers le dénuement,
> Le dénuement vers la mort
> Et la mort vers une grotte déserte.

Notre intention doit être d'aider les êtres qui ont été
nos mères et de les amener à l'état de bouddha. Inutile de
se complaire dans l'autosatisfaction et de penser que l'on
a bien médité parce qu'on a fait des retraites, qu'on sait
conduire un rituel, réciter des textes, bref, que l'on connaît
tout sur la pratique. Ce ne sont que des obstacles sur la
voie.

Le plaisir déplacé. Se délecter des plaisirs de la vie au
lieu de goûter la joie que procure la pratique des enseignements est aussi une erreur : « On apprend en écoutant
les enseignements, on repousse le mal en écoutant les
enseignements, on s'éloigne des choses futiles en écoutant les enseignements. » Gardez bien cela à l'esprit. Il est
important de savoir distinguer l'angle sous lequel sont

donnés les enseignements, relatif ou absolu ; on doit de plus chercher à saisir leur sens ultime plutôt que leur sens littéral. Cela fait, la pratique doit alors être accomplie avec une énergie sans mélange. C'est ainsi que l'on peut progresser. Malheureusement, après avoir fait l'expérience d'une parcelle du Dharma, certains « experts », avec pour toute arme leur seule compréhension intellectuelle, se dispersent dans des débats sans fin, et ce pour une satisfaction toute mondaine. Leur vision du Dharma les a trahis.

La compassion déplacée. C'est encore une erreur que de ressentir de la pitié pour les pratiquants qui endurent de grandes difficultés pour le Dharma, qui demeurent solitaires dans des ermitages de montagne sans grand-chose à manger ni rien de chaud à se mettre. C'est une erreur que de se faire du souci à l'idée qu'ils vont mourir de faim. Mieux vaut se désoler pour ceux qui commettent sans cesse des actes négatifs, chefs militaires et autres « héros » qui tuent les gens par centaines de milliers. Leur haine les entraînera immanquablement dans les enfers. Autant faire preuve de compassion pour ceux qui en ont vraiment besoin.

Le soutien déplacé. Il est une autre erreur qui consiste à pousser les siens vers le bonheur et les succès mondains au lieu de les rapprocher du Dharma. Si nous tenons vraiment à eux, nous devrions les aider à rencontrer des maîtres spirituels, leur faire découvrir la pratique et, jour après jour, leur montrer le chemin de la libération. Les gens de bien sont comme les arbres médicinaux : tous ceux qui les fréquentent s'améliorent. En revanche, enseigner aux gens la pratique des affaires, la fraude ou l'art de combattre ses ennemis, les rendra encore plus mauvais. Ce n'est pas là une bonne façon de prendre soin des autres.

La réjouissance déplacée. Se réjouir du malheur de ses ennemis au lieu de se réjouir des actions vertueuses est encore une erreur. En revanche, lorsque des gens mènent à bien un projet généreux ou que des pratiquants du Dharma entament une série de nyoungnés[43], qu'ils travaillent dur à la construction de temples, de stoûpas et de statues, à l'impression de livres, il est bon de se dire : « Dans cette vie et les futures, puissent-ils toujours pratiquer la vertu, puissent leurs actions faire naître en eux la bodhicitta. » C'est là une façon correcte de se réjouir, à l'inverse de celle qui consiste à se sentir heureux quand un rival est puni par ses supérieurs, ou même tué, et à penser qu'il n'a que ce qu'il mérite.

Ce sont donc là les six actions à éviter si nous souhaitons suivre la voie sans erreur.

Soyez constant dans votre pratique.

Quand tout va bien dans la vie et que l'on est heureux, on se sent tout naturellement enclin à la pratique. Mais quand la faim nous tenaille, tout intérêt s'envole. Cela témoigne d'un manque de confiance dans les enseignements. Il est dit : « Bien nourri et réchauffé par le soleil, on a l'air d'un pratiquant. Quand rien ne va plus, on devient très ordinaire ; l'esprit a du mal à se mélanger au Dharma. Bénissez-nous pour que notre attitude soit juste ! » Ou encore : « Les méditants dont le comportement a glissé vers l'ordinaire ne seront jamais libres. Réciter force mantras pour sauver les apparences n'est pas d'une grande aide sur la voie. »

Entraînez-vous avec zèle.

La pratique doit être menée de tout cœur, jusqu'à complètement emplir notre esprit de cet entraînement qui consiste à méditer tantôt sur la vacuité, tantôt sur le renoncement, tantôt sur la compassion pour les êtres. Par différentes méthodes, exerçons-nous toujours davantage à l'entraînement de l'esprit.

Libérez-vous par les essais et l'analyse.

Cherchons d'abord quelle est notre émotion la plus forte. Faisons ensuite un effort soutenu pour produire son antidote, tout en vérifiant si elle continue d'augmenter quand nous sommes confrontés à une situation déterminée. Voyons alors si l'émotion surgit ou non, si nous pouvons la reconnaître et nous en débarrasser. Il faut persévérer ainsi dans ce travail jusqu'à ce qu'elle ne se manifeste plus.

Rejetez la fatuité.

Aider les autres en leur fournissant de la nourriture et des vêtements, en les libérant de prison ou en leur faisant obtenir une position de quelque importance, ne doit pas être fait dans l'espoir d'une récompense. N'attendons pas non plus que les autres nous respectent pour notre persévérance ou notre ancienneté dans la pratique, ni pour notre érudition ou notre parfaite discipline – si tel est le cas. A l'inverse, souhaitons que les gens instruits deviennent encore plus savants et les gens vertueux semblables aux disciples directs du Bouddha. A tous ceux qui se consacrent à la pratique, souhaitons que leur esprit s'en imprègne véritablement, qu'ils ne rencontrent aucun obstacle et que leur chemin soit bien celui de la libération. C'est ainsi que nous devons méditer, toujours plus enclins à prendre soin des autres que de nous-mêmes. Quand nous y parviendrons, point ne sera besoin de nous féliciter d'avoir fait là quelque chose de grand et d'extraordinaire.

« N'attendez rien des hommes, priez votre yidam », tel était le conseil de Radreng[44]. Aussi ne comptez pas trop sur l'aide des autres en ce qui concerne la nourriture, les vêtements, etc. Ayez plutôt une ferme confiance dans les Trois Joyaux, car il est dit : « La confiance dans le maître est le refuge ultime ; travailler au bien d'autrui est la bodhicitta ultime. Ainsi, ne vous vantez pas de vos accomplissements. » Cette attitude est la meilleure qui soit ; dépendre d'autrui pourrait bien apporter des résultats fort différents de ceux que nous espérons…

N'ayez pas mauvais caractère.

Il peut arriver qu'on nous manque d'égards en public, mais la bonne façon de réagir n'est certainement pas celle-ci : « En dépit du fait que je suis un bon pratiquant, les gens n'ont pas de respect pour moi, ils ne viennent pas me rendre hommage ou recevoir ma bénédiction. » N'ayons aucune colère ni aucun mot désagréable. Parce que nous n'avons pas utilisé l'antidote à l'attachement à l'ego, notre patience et notre tolérance sont aussi fragiles qu'une ampoule et nous sommes aussi irritables qu'un ours qui a mal à la tête.

Ne soyez pas instable.

Une boule de cristal, parce qu'elle est transparente, prend les couleurs des objets qui l'entourent. De même, certains pratiquants ont les meilleures pensées du monde quand ils reçoivent une grosse somme d'argent et ne peuvent s'empêcher de louer la bonté de leur bienfaiteur. En revanche, s'ils ne reçoivent rien, ils trouvent quelque chose de déplaisant à dire et lui en gardent rancune. Ne nous laissons pas déboussoler par ces choses sans importance.

N'espérez pas de récompense.

Bien pratiquer ou aider les autres ne doit pas faire espérer de remerciements particuliers, ni de louanges ni de renom. En pratiquant les deux bodhicittas toute notre vie durant, en maintenant conjointement et de façon correcte méditation et post-méditation, et en mêlant notre esprit à la Vue, notre expérience de la vie quotidienne ne sera plus ordinaire. De plus, si nous évitons de nous laisser prendre par la vie courante, notre méditation progressera d'autant mieux. En revanche, si nous sombrons dans la distraction après chaque séance de méditation, même si nous avons été parfaitement concentrés, nous ne gagnerons aucune confiance dans la Vue. Notre pratique n'aura pas davantage de sens si nous développons de bonnes habitudes après la méditation alors qu'au cours de nos séances nous nous livrons à quelque activité inutile. C'est pourquoi il vaut mieux s'assurer que notre entraînement est correct.

CONCLUSION

Cette quintessence des instructions
Qui transmue la montée des cinq dégénérescences
En voie d'Eveil
M'a été transmise par Serlingpa.

LES cinq dégénérescences sont les suivantes : les êtres meurent frappés par les famines, les maladies et la guerre ; ils ont de mauvaises dispositions, n'ont aucune attirance pour le bien et sont farouchement opposés à la doctrine suprême ; leur vie est courte ; leurs émotions négatives sont très puissantes ; leurs idées sont grossières et leurs vues erronées.

En ces temps dégénérés, il existe très peu de causes de bonheur. Les êtres accumulent du karma négatif dont les multiples effets n'apportent que souffrance. Les conditions défavorables énumérées ci-dessus sont légions et puissantes. Autant traverser un épais taillis aux branches étroitement entrelacées !

Pourtant, le pouvoir de l'entraînement de l'esprit est tel que tout le mal subi – maladies, forces négatives, obstacles et calomnies – peut tenir lieu de voie d'Eveil, et renforcer par là-même notre vertu. Comme le paon qui, nourri de substances mortelles, ne fait que gagner en beauté et en splendeur, une personne bien informée peut absorber un poison en sachant que celui-ci peut aussi agir comme un médicament.

Tout bienfait provient de ce précieux esprit d'Eveil. Par le pouvoir de l'entraînement de l'esprit, en pratiquant tout à la fois les actions positives du corps, de la parole et de l'esprit, et en mêlant notre esprit aux enseignements, nous accomplirons rapidement notre propre bien et celui des autres.

> *Quand le karma de mon entraînement passé parvint à*
>   *maturité,*
> *Je fus poussé par une puissante inspiration*
> *Et, au mépris des reproches et de la souffrance,*
> *Je partis à la recherche d'instructions*
> *Pour maîtriser mon attachement à l'ego.*
> *Si maintenant il me fallait mourir, je n'aurais aucun*
>   *regret.*

Le Maître Tchékawa Yéshé Dordjé, grand roi parmi les yogis, fréquenta de nombreux maîtres de la tradition Kadampa. Après avoir reçu leurs instructions, il étudia, réfléchit et médita en pratiquant avec une grande sincérité l'entraînement de l'esprit. Il parvint au niveau où, totalement libre d'égoïsme, il prenait véritablement soin des autres bien plus que de lui-même.

> *A l'aimable requête de Drakpa, roi du Dharma,*
> *Et de ses fidèles disciples,*
> *J'ai révélé ce trésor, joyau des instructions essentielles.*
> *Puissent tous les êtres pratiquer et accomplir les deux*
>   *bodhicittas.*

C'est à la requête répétée de Drakpa Gyeltsen, pratiquant accompli du Grand Véhicule, que ces quelques mots d'explications sur *L'Entraînement de l'esprit en sept points* ont été écrits par le moine Thogmé dans la solitude de Ngultchou Dzong.

Drakpa Gyeltsen avait l'habitude de dire à ses disciples : « Ne pensez pas que Tchenrézi soit un être à quatre bras qui vit sur le mont Potala ; allez plutôt voir le lama qui habite à Ngultchou Dzong pour recevoir ses enseignements. Il n'y a rien de plus en Tchenrézi qu'en lui. »

La bodhicitta se manifesta puissamment en Ngultchou Thogmé dès son plus jeune âge. Alors qu'il était encore enfant, un jour qu'il était sorti faire ses besoins, il vit sur le chemin du retour un buisson couvert de neige. Le prenant pour un homme, le petit garçon le recouvrit de ses vêtements et rentra nu à la maison. « Où sont tes habits ? » lui demanda sa mère. « Il y a quelqu'un dehors en train de geler, je les ai mis sur lui. » Sa mère sortit et vit qu'il s'agissait seulement d'un buisson. Voilà le Bodhisattva qu'était déjà le jeune Thogmé. Il pratiquait véritablement le mode de vie des Bodhisattvas et en avait une expérience parfaite.

Cet entraînement à la bodhicitta est le condensé des quatre-vingt-quatre mille enseignements du Bouddha. Nous ne sommes peut-être pas capables d'accomplir parfaitement la bodhicitta, mais sa pratique contribuera à notre bonheur dans cette vie ; dans les vies futures nous échapperons aux mondes inférieurs et pourrons apporter de grands bienfaits à ceux que nous rencontrerons.

Il existe de nombreux enseignements vastes et profonds, comme le Mahamoudra et le Dzoktchen. Nos capacités mentales sont malheureusement limitées et nous manquons de la persévérance et du respect requis pour atteindre la libération grâce à ce genre d'enseignement. Nous tirerons néanmoins les plus grands bienfaits de la pratique de cet entraînement spirituel. Extraordinaires, ces instructions contiennent toute la substance de la voie des Bodhisattvas et jamais l'on n'a cessé de faire leur louange. Ainsi, je vous adresse cette requête : mettez-les en pratique.

Puissent tous les souhaits pour le bien des êtres, conçus par les Bouddhas, du premier Eveillé à nos propres maîtres, s'accomplir grâce à l'effort fourni pour rendre ce texte disponible. Que ce soit de bon augure !

NECTAR DE L'ESPRIT

Prière de *l'Entraînement de l'esprit en sept points*

par

Djamyang Khyentsé Wangpo

NECTAR DE L'ESPRIT

Prière de *l'Entraînement de l'esprit en sept points*

Selon la tradition de Tchékawa Yéshé Dordjé, l'entraînement de l'esprit en sept points, qui est l'instruction essentielle des suprêmes Kadampas, détenteurs des sept doctrines divines, est expliqué en trois étapes.

L'INTRODUCTION VERTUEUSE

I
Titre de la prière

Nectar de l'esprit, prière de l'entraînement de l'esprit en sept points.

II
Louange

Je m'incline devant l'ami spirituel[45] du Véhicule suprême,
Source de toutes les qualités du samsara et du nirvana.
Noble maître, accordez-moi la bénédiction de la triple foi
Qui purifie mon esprit.

LE DEVELOPPEMENT VERTUEUX,
SUJET PRINCIPAL DU TEXTE

I
Préliminaires,
enseignements fondamentaux de la doctrine

Conscient que les libertés et conditions favorables sont difficiles
*   à obtenir et faciles à détruire,*
Je vous prie, noble maître, de m'accorder la bénédiction de
*   rejeter ou d'adopter les actes selon leur fruit,*
Et d'atteindre le résultat des Préliminaires :
La sincère détermination de me libérer du samsara.

II
Pratique principale,
entraînement à l'esprit d'Eveil

Noble maître, accordez-moi la bénédiction
De toujours méditer sur les deux aspects de l'esprit d'Eveil :
La dissolution de la dualité illusoire dans la vacuité
Et le profond échange de mon bonheur contre la souffrance
*   d'autrui.*

III
Transformer les circonstances
adverses en voie d'Eveil

Quelles que soient les circonstances adverses et les souffrances
*   qui m'accablent,*
Noble maître, accordez-moi la bénédiction
De les voir comme le déguisement de la croyance maléfique en
*   l'ego,*
Et de les intégrer à la voie de l'Eveil.

IV
Quintessence de la pratique d'une vie entière

Noble maître, accordez-moi la bénédiction d'une intention et
d'une action pures
Visant à accomplir la purification et les accumulations
Grâce aux cinq forces et à la prière,
Afin que la pratique de ma vie entière se concentre en sa
quintessence.

V
Signes de l'entraînement de l'esprit

Pour que je puisse assimiler à la voie toutes les circonstances
adverses,
Noble maître, accordez-moi la bénédiction
De percevoir tous les phénomènes comme l'antidote de la
croyance en l'ego,
Afin que mon esprit retrouve la liberté et la confiance qui naît
de cette joie.

VI
Engagements liés à l'entraînement de l'esprit

Noble maître, accordez-moi la bénédiction d'être fidèle à mes
promesses,
De pratiquer sans hypocrisie, partialité ni ostentation,
Et de protéger comme ma propre vie
Les engagements de l'entraînement de l'esprit.

VII
Préceptes liés à l'entraînement de l'esprit

En essence, noble maître, accordez-moi la bénédiction
D'adopter tous les préceptes
Qui développent les deux aspects de l'esprit d'Eveil,
Et d'atteindre en cette vie la réalisation du Véhicule suprême.

LA CONCLUSION VERTUEUSE

I
Dédicace

Puisse le mérite de cette aspiration sincère
A pratiquer l'entraînement en sept points,
L'essence de l'esprit du maître inégalé[46] et de ses disciples,
Amener tous les êtres à l'Eveil.

II
Colophon

L'esprit parfaitement concentré, Djamyang Khyentsé Wangpo, un vagabond libre de toute activité et empli d'un immense respect pour la tradition des précieux Kadampas, a prié ainsi devant la précieuse statue d'Atîsha, à Kysheu Nyéthang.

Puissé-je être béni pour que s'accomplisse ma prière !

NOTES

1   **Tchenrézi** (skt. *Avalokiteshvara* ou *Lokeshvara*) : Bodhisattva de la compassion, l'un des huit fils proches du Bouddha. Essence de la Parole de tous les Bouddhas, il est l'incarnation de leur compassion.

2   **Le triple entraînement** : discipline, concentration et sagesse.

3   **Ngultchou Thogmé Zangpo** (1295-1369) : disciple du grand Bouteun Rinpotché. Auteur des célèbres *Trente-sept pratiques des Bodhisattvas*.

4   **Le maître Padmasambhava** : le maître Né-du-Lotus, originaire d'Oddiyana, qui fut invité au Tibet par le roi Thrisong Détsen. Il subjugua dans ce pays les forces hostiles à la propagation de la doctrine du Bouddha, répandit les enseignements et cacha d'innombrables trésors spirituels destinés aux générations futures. Vénéré comme le « second Bouddha », il avait été prophétisé par Shakyamouni lui-même.

5   **Cycles d'enseignements du Bouddha** : le Bouddha Shakyamouni fit tourner trois fois la roue du Dharma, en d'autres termes, dispensa son enseignement en trois cycles : il exposa la vérité relative quand il enseigna le chemin qui mène à la cessation de la souffrance ; il exposa la vérité relative et la vérité absolue quand il enseigna la vacuité ; et il exposa la

vérité absolue quand il enseigna l'union de la vacuité et de la sagesse.

6   **Vue pénétrante** (skt. *Vipashyana,* tib. *lhag mthong*) : analyse approfondie de l'esprit et de tous les phénomènes qui révèle leur nature ultime, la vacuité.

7   **Nagarjuna** (IIIe siècle) : maître indien à l'origine de l'école Madhyamika, auteur de nombreux traités philosophiques et médicaux.

8   **Atîsha** (Dîpankara, Jowo Djé, 982-1054) : grand maître et érudit indien, l'un des principaux maîtres de l'université indienne de Vikramashila, et adepte rigoureux de la règle monastique. Il voyagea jusqu'en Indonésie pour recevoir de Serlingpa les enseignements de la bodhicitta. Il passa les douze dernières années de sa vie au Tibet, enseignant et contribuant aux traductions. Ses disciples fondèrent l'école Kadampa.

9   **Dharmakirti** (Serlingpa, Xe siècle) : maître qui vivait en Indonésie, détenteur de la lignée des méthodes spéciales de l'entraînement à la bodhicitta, connues sous le nom d'entraînement de l'esprit. Il fut le maître d'Atîsha.

10   **Tchékawa Yéshé Dordjé** (1101-1175) : maître Kadampa. Avant lui, les enseignements sur l'entraînement de l'esprit n'avaient été transmis qu'à un petit nombre de disciples, mais la formulation simplifiée qu'il en donna dans *L'Entraînement de l'esprit en sept points* les rendit d'un accès plus facile.

11   **Dix-huit caractéristiques de la précieuse vie humaine** : elles comprennent les huit libertés et les dix richesses. Les huit libertés résultent du fait de n'avoir pas pris naissance : 1) dans les mondes infernaux, 2) le monde des esprits avides, 3) le règne animal, 4) les royaumes célestes, 5) parmi ceux qui ignorent le Dharma, 6) parmi les hommes aux vues erronées telles le nihilisme ou la croyance en l'existence de l'ego et des phénomènes, 7) dans une époque où aucun Bouddha n'est apparu, 8) avec un handicap mental. Les dix richesses comprennent cinq richesses intrinsèques à l'individu et cinq richesses qui lui sont extrinsèques. Les cinq richesses

intrinsèques sont : 1) naître sous forme humaine, 2) vivre dans un lieu où l'enseignement du Bouddha est dispensé, 3) posséder des facultés normales, 4) ne pas avoir commis d'actions négatives aux résultats karmiques très lourds, 5) avoir foi en la doctrine du Bouddha. Les cinq richesses extrinsèques sont : 1) un Bouddha est apparu en ce monde, 2) il y a enseigné le Dharma, 3) sa doctrine perdure, 4) elle est encore pratiquée, 5) et un maître spirituel nous guide.

12 **Vikramashila et Nalanda** : universités bouddhistes les plus célèbres de l'Inde ancienne.

13 **Lhassa, Samyé, Trandrouk** : trois endroits particulièrement saints du Tibet. Lhassa : la capitale où se trouvent le Potala, palais des Dalaï Lamas et le Jokhang, temple qui abrite la statue de Jowo Rinpotché (cf. note 27). Samyé : le premier monastère, fondé par le roi Thrisong Détsen au VIIIe siècle avec l'aide de l'abbé Shantarakshita et de Gourou Rinpotché. Trandrouk : temple situé au sud du Tibet, construit à l'époque du premier roi bouddhiste, Songtsen Gampo.

14 **Milarépa** (1052-1135) : l'un des yogis et poètes les plus célèbres de l'histoire du Tibet. Pour se purifier d'avoir pratiqué la magie noire la plus destructrice, Milarépa dut supporter des années douloureuses au service de son maître Marpa, apparemment cruel et irrationnel. Milarépa persista pendant de longues années avant d'obtenir les instructions essentielles. Après les avoir reçues, il passa sa vie à méditer dans la solitude. Ayant atteint la réalisation suprême, il enseigna et composa ses célèbres chants.

15 **Gourou Rinpotché** : un des noms tibétains de Padmasambhava (cf. note 4).

16 **Alaya** : ce terme sanskrit signifie « réserve » ou « entrepôt ». On le traduit en tibétain par *kun zhi*, littéralement « fondement de tout », terme qui désigne le fondement de l'esprit et des phénomènes, qu'ils soient purs ou impurs. Ce mot s'entend de façon différente selon les contextes ; parfois, comme ici, *alaya* est synonyme de « nature de bouddha » ou de dharmakaya. Cependant, dans la plupart des cas, ce terme

fait référence à un état neutre de l'esprit dualiste qui tient lieu de réceptacle des empreintes mentales laissées par toutes nos actions physiques, verbales et mentales.

17   **Bardo** : littéralement « entre deux », état intermédiaire. On en distingue plusieurs, dont le nombre varie selon les tantras. La plupart du temps, bardo désigne l'état intermédiaire entre la mort et la renaissance.

18   **Shantidéva** (690-760) : célèbre maître indien, de naissance royale, membre de l'université de Nalanda. Avant de composer son œuvre majeure, *La Marche vers l'Eveil (Bodhicaryavatara)*, Shantidéva était considéré par les moines de son entourage comme un paresseux à l'esprit lourd, juste bon à manger et à dormir. Pour se moquer de lui, ceux-ci lui firent la requête d'enseigner lors d'une grande réunion. Shantidéva accepta et une fois assis sur le trône de l'instructeur, demanda s'il devait faire un exposé original ou un exposé classique. Avec des rires, on exigea un enseignement original. C'est alors qu'il entama *La Marche vers l'Eveil.* On rapporte qu'arrivé au neuvième chapitre, consacré à la connaissance transcendante, il s'éleva lentement au-dessus de son siège pour achever son exposé dans les nuages.

19   **Esprits malfaisants** : depuis son origine, le bouddhisme reconnaît l'existence d'esprits non-humains, c'est-à-dire non perceptibles physiquement. Dans la tradition tibétaine en particulier, il est très souvent fait état d'esprits malfaisants, de démons et autres fantômes qui font l'objet d'une classification vaste et complexe. Cette notion peut s'expliquer de différentes manières, à des degrés de subtilité qui varient selon le contexte. Lorsque les esprits malfaisants sont considérés comme des êtres prisonniers du samsara, en proie à la souffrance, ils doivent être l'objet de notre compassion, ainsi que ce texte l'explique à plusieurs reprises. Cependant, comme on le voit fréquemment dans l'approche traditionnelle, ces esprits malfaisants sont aussi considérés comme la personnification d'énergies psychiques, sans doute proches des névroses de la psychologie occidentale. En d'autres termes, ce sont des manifestations de notre esprit et de notre

karma. Khenpo Ngawang Pelzang affirme notamment : « Ce qu'on appelle démon n'est pas un monstre à la gueule béante et aux yeux exorbités ; c'est ce qui crée tous les tourments du samsara et nous empêche d'atteindre l'état au-delà de la souffrance qu'est la libération. Bref, c'est tout ce qui nuit à notre corps ou à notre esprit. »

20   **Patrul Rinpotché** (1808-1887) : également connu sous le nom de Dzoktchen Palgué Tulkou. Né dans la province du Kham, dans l'est du Tibet, ce maître était un être hors du commun. Il méditait constamment sur l'amour et la compassion qu'il considérait comme les racines de la vie spirituelle. Parfait exemple du mode de vie des Bodhisattvas, il était considéré comme l'incarnation de Shantidéva. Cet érudit était unanimement respecté par toutes les écoles du bouddhisme tibétain et devint l'une des figures les plus éminentes du mouvement *Rimé* (non sectaire). Il est l'auteur du célèbre *Kunzang Lamai Shéloung* traduit en français sous le titre *Le Chemin de la Grande Perfection* (Ed. Padmakara, 1997).

21   **La Marche vers l'Eveil** (skt. *Bodhicaryavatara*, tib. *spyod 'jug*) : cet admirable poème est l'œuvre majeure de Shantidéva qui décrit tous les aspects de la bodhicitta et de la philosophie du Grand Véhicule (Ed. Padmakara, 1992).

22   **Brahmane** : membre de la caste des prêtres, la plus élevée des castes traditionnelles de l'Inde.

23   **Terre Pure de la Grande Félicité** : celle du Bouddha Amitabha, « Lumière Infinie » (cf. glossaire, Terre pure).

24   **Adzom Droukpa** : disciple de Djamyang Khyentsé Wangpo et maître du second Khyentsé, Tcheukyi Lodreu. Découvreur de trésors spirituels et maître éminent de la lignée des enseignements du *Longtchen Nyingtik*.

25   **Tonglen** : littéralement « prendre et donner ». Pratique de l'échange de son propre bonheur contre la souffrance d'autrui qui utilise comme support le va-et-vient du souffle.

26   **Guéshé Karak Gomtchoung** (XIe siècle) : maître Kadampa, disciple de Guéshé Potowa.

27 **Jowo Rinpotché** : statue du Bouddha Shakyamouni à l'âge de douze ans qui se trouve dans le temple du Jokhang à Lhassa. Cette représentation, bénie par le Bouddha en personne, fut apportée à Lhassa lors du règne de Songtsen Gampo, le premier roi bouddhiste du Tibet.

28 **Bouddha Shakyamouni** : le Bouddha de notre époque, le quatrième des mille deux Bouddhas de notre ère.

29 **Abbé Shantarakshita** : appelé aussi Abbé Bodhisattva. Célèbre érudit du Grand Véhicule, chancelier de l'université de Nalanda. Il fut invité au Tibet par le roi Thrisong Détsen pour contribuer à la construction du premier monastère, Samyé.

30 **Vajrapani** : Bodhisattva, l'un des huit fils proches du Bouddha. Essence de l'esprit de tous les Bouddhas, il est l'incarnation de leur pouvoir.

31 **Six mondes** et **trois sphères du samsara** : deux classifications différentes des formes d'existence dans le samsara (cf. glossaire, samsara).

32 **Guéshé Shawopa et Guéshé Ben :** maîtres Kadampas.

33 **Dromteunpa** (1005-1064) : principal disciple d'Atîsha, fondateur de l'école Kadampa et du monastère de Radreng.

34 **Tcheu** : système de méditation tantrique fondé sur les enseignements de *La Perfection de la connaissance transcendante*, introduit au Tibet par Padampa Sanguié et qui vise à détruire tout attachement à soi-même.

35 **Langri Thangpa Dordjé Gyeltsen** (1054-1123) : maître Kadampa, disciple de Potowa, auteur des *Huit stances de l'entraînement de l'esprit* et fondateur du monastère de Langthang.

36 **Marpa** (1012-1097) : grand traducteur et maître tibétain, disciple de Drogmi, Naropa, Maitripa et d'autres grands maîtres accomplis, il rapporta d'Inde de nombreux tantras de la nouvelle tradition et implanta au Tibet les enseignements de la lignée Kagyu.

37 **Torma** : objet rituel qui peut avoir diverses formes et être fait de diverses matières. Selon les cas, on le considère comme

une déité, un mandala, une offrande ou une arme destinée à dissiper les obstacles.

38 **Mani** : le mantra en six syllabes de Tchenrézi, Om mani padmé houng.

39 **Dzo** : croisement de yack et de vache, plus robuste qu'un bœuf.

40 **Gampopa** (1079-1153) : connu aussi sous le nom de Dakpo Rinpotché, disciple le plus célèbre de Milarépa, fondateur de l'ordre monastique Kagyu et de la lignée Dakpo Kagyu.

41 **Sadaprarudita** (tib. *rtag tu ngu*) : « Toujours en larmes », grand Bodhisattva de l'époque du Bouddha Dharmodgata, célèbre pour son courage et son endurance dans la recherche spirituelle.

42 **Circumambulation** : consiste à tourner dans le sens des aiguilles d'une montre autour d'un temple, d'un stoûpa, d'une montagne sacrée ou de la demeure d'un grand maître spirituel. Cet acte est non seulement considéré comme respectueux, mais aussi comme des plus méritoires. Certains pratiquants accomplissent des milliers de circumambulations autour d'un stoûpa, ou des dizaines autour du mont Kaïlash au Tibet occidental.

43 **Nyoungné** : purification liée à la pratique du Bouddha Tchenrézi et associant jeûne strict, récitation de mantras et prosternations.

44 **Radreng** : Dromteunpa, (cf. note 33).

45 **Ami spirituel** : il ne s'agit pas ici d'un ami au sens ordinaire du terme mais du suprême ami spirituel, le maître accompli qui nous guide vers la libération.

46 **Maître inégalé** : l'auteur désigne ici Atîsha.

GLOSSAIRE

Arhat : « celui qui a vaincu les ennemis », c'est-à-dire la naissance, la maladie, la vieillesse et la mort, par la pratique des enseignements du Petit Véhicule. Libéré des émotions et des souffrances du samsara, l'Arhat n'a pas encore atteint l'Eveil parfait. N'ayant pas réalisé la vacuité, il ne peut dissiper les voiles subtils que provoque l'attachement à la réalité des phénomènes. Il doit encore franchir le seuil du Grand Véhicule pour continuer à progresser vers l'état de bouddha.

Auditeur (skt. *Shravaka*) : disciple du Bouddha, pratiquant du Petit Véhicule.

Bodhicitta (tib. *byang chub sems*) : traduit généralement par « esprit d'Eveil » ou « pensée de l'Eveil ». Ce terme est le point clef du Grand Véhicule. Au plan relatif, c'est le souhait d'atteindre l'Eveil pour aider tous les êtres, ainsi que la pratique qui permet d'atteindre ce but. Au plan absolu, il désigne la compréhension directe de la nature ultime de l'ego et des phénomènes : la vacuité.

Bodhisattva (tib. *byang chub sems dpa'*) : littéralement « héros (*dpa'*) de l'esprit d'Eveil ». Désigne celui qui s'est engagé dans la voie de la compassion et des six Perfections transcendantes. Il se libère du cycle des existences en réalisant toutes les qualités de l'Eveil, mais s'y manifeste en même temps pour aider les êtres. Il n'agit jamais par intérêt personnel et toutes ses actions, ses paroles et ses pensées sont consacrées au bien des autres.

Bouddha (tib. *sangs rgyas*) : celui qui a dissipé les deux voiles (le voile des émotions et le voile masquant la connaissance) et a développé les deux sortes de connaissances (celle de la nature ultime des phénomènes et celle de la totalité des phénomènes).

Bouddha-par-soi (skt. *Pratyekabouddha*) : celui qui étudie sans l'aide d'un maître la nature des liens d'interdépendance, réalise l'absence d'existence propre du « moi » et, en partie seulement, celle des phénomènes, et parvient ainsi au terme du samsara.

Dharma (tib. *chos*) : ensemble des enseignements donnés par le Bouddha et les êtres réalisés montrant le chemin de l'Eveil. Il comprend deux aspects : le Dharma des écritures (*lung gi chos*) qui est le support de ces enseignements, et le Dharma de la réalisation (*rtogs pa'i chos*) qui est le résultat de la pratique spirituelle.

Corps (trois) (skt. *kaya*) : les trois Corps sont les trois aspects de la bouddhéité. Le Corps absolu (*dharmakaya*) est l'aspect de la vacuité, le Corps de parfaite jouissance (*sambhogakaya*) celui de la luminosité et le Corps de manifestation (*nirmanakaya*) celui de la compassion.

Corps essentiel (skt. *svabhavikakaya*, tib. *ngo bo nyid kyi sku*) : ne constitue pas un corps distinct des trois Corps, mais représente leur inséparabilité.

Dzoktchen (tib. *rdzog chen*, skt. *Mahasandhi, Atiyoga*) : Grande Perfection, Vue ultime dans la tradition Nyingma, union de la vacuité et de la conscience éveillée, de la pureté primordiale et de l'accomplissement spontané. Cette perfection est grande parce que l'esprit, dans sa nature véritable, est riche spontanément de toutes les qualités des trois Corps.

Grand Véhicule (skt. *Mahayana*) : fondé sur la compassion, c'est le véhicule des Bodhisattvas qui désirent atteindre l'Eveil afin de pouvoir libérer l'infinité des êtres.

Kadampa : la première des nouvelles écoles du bouddhisme tibétain dont Atîsha est à l'origine, mettant l'accent sur la discipline monastique, la compassion et l'étude.

Kagyu : lignée du bouddhisme dont les enseignements furent introduits au Tibet au XIᵉ siècle par Marpa le Traducteur.

Kalpa : d'après la cosmologie bouddhiste, les mondes sont soumis à un processus alternatif de formation et de dissolution. La période qui s'écoule entre le début d'un monde, sa dissolution et la formation d'un monde suivant est appelée kalpa ou mahakalpa. Celui-ci est formé de quatre cycles incommensurables qui correspondent aux quatre phases de la formation, de la durée, de la dissolution du monde et de la période intermédiaire de chaos qui précède la formation d'un nouveau monde.

Karma : mot sanskrit qui signifie « action », généralement traduit par « causalité des actes ». Selon les enseignements du Bouddha, la destinée des êtres, leur joie, leur souffrance, leur perception de l'univers ne sont dues ni au hasard ni à la volonté d'une entité toute-puissante ; elles sont le résultat de leurs actes passés. De même, leur futur est déterminé par la qualité, positive ou négative, de leurs actes présents. Un acte est qualifié de positif quand il apporte une aide à autrui, il est qualifié de négatif quand il nuit aux autres et à soi-même. Tout acte physique, mental ou verbal est comme une graine qui donnera un fruit, un résultat qui sera vécu ultérieurement, souvent même dans une existence future. Selon qu'il est positif ou négatif, il entraîne pour son auteur des conséquences agréables ou douloureuses.

Mahamoudra (tib. *phyag rgya chen po*) : « Grand Sceau » ou « Grand Symbole ». Vue ultime de la nature de l'esprit et

des phénomènes telle qu'elle est pratiquée dans la tradition Kagyu.

Mantra (tib. *sngags*) : suite de syllabes contenant généralement le nom d'un Bouddha. Comme l'indique son éty-
mologie (*man* : « esprit », *tra* : « protège »), il protège
l'esprit des manifestations de l'ignorance. Expression de
l'Eveil suprême sous forme de sons.

Nirvana (tib. *myang 'das*) : état au-delà de la souffrance.
Désigne plusieurs niveaux d'Eveil, selon les points de
vue du Petit Véhicule, du Grand Véhicule et du Véhicule
Adamantin.

Nyingma : Les Anciens, école du bouddhisme tibétain dont
les enseignements furent les premiers du Vajrayana à
être répandus au VIIIe siècle par Padmasambhava (cf.
note 4).

Petit Véhicule (skt. *Hinayana*) : fondé sur le renoncement,
le Petit Véhicule ou véhicule racine s'adresse à ceux qui
recherchent la libération individuelle pour mettre un
terme à leurs propres souffrances. Véhicule des Auditeurs (*Shravakas*), des Bouddhas-par-soi (*Pratyekaboud-
dhas*) et des Arhats.

Pratimoksha : libération individuelle, vœux et préceptes
destinés aux laïcs et aux moines bouddhistes.

Rinpotché : littéralement « précieux », titre employé à l'a-
dresse des maîtres dans le bouddhisme tibétain.

Sadhana : texte décrivant les différentes étapes d'une pratique et contenant le texte à réciter, support de la méditation.

Sangha : assemblée de tous les pratiquants du Dharma, des
êtres ordinaires aux Bodhisattvas.

Samsara : le cycle des existences où règnent la souffrance et
la frustration engendrées par l'ignorance et les émotions
négatives qui en résultent. Il comprend les trois mondes
inférieurs des enfers, des esprits avides et des animaux,

et les trois mondes supérieurs des humains, des anti-dieux et des dieux. Ces mondes sont qualifiés de supé-rieurs ou d'inférieurs non par un jugement de valeur, mais en fonction de l'intensité de la souffrance qui y règne. Selon une deuxième classification, le samsara comprend trois sphères d'existence : celle du désir, qui correspond aux six mondes, celle de la forme et celle du sans-forme, qui correspondent à certaines classes de dieux.

Soûtra : les paroles du Bouddha transcrites par ses disciples.

Terre pure : ou Champ pur, lieu manifesté par un Bouddha ou un grand Bodhisattva grâce aux vertus spontanées de sa réalisation. Les êtres peuvent y progresser vers l'Eveil sans jamais retomber dans les mondes inférieurs. Il y en a une infinité en dehors du monde terrestre, considéré comme la Terre pure du Bouddha Shakyamouni.

Trois Joyaux : le Bouddha, celui qui a atteint l'Eveil ; le Dharma, ses enseignements ; la Sangha, l'assemblée de ses disciples. Ce sont les trois objets de refuge du prati-quant bouddhiste.

Véhicule Adamantin (skt. *Vajrayana* ou *Mantrayana*) : en-semble des enseignements et pratiques fondés sur les tantras. Il intègre en une seule voie les enseignements du Petit Véhicule et du Grand Véhicule, et les moyens ha-biles qui lui sont propres, permettant ainsi une progres-sion rapide sur la voie.

Yidam : déité sur laquelle on s'appuie dans la méditation, représentant le Bouddha, l'Eveil parfait, sous un aspect masculin ou féminin, paisible ou courroucé, lequel as-pect correspond à la nature individuelle du pratiquant.

LE COMITÉ DE TRADUCTION PADMAKARA

Le comité de traduction Padmakara se compose de traducteurs et de relecteurs de différentes nationalités, encadrés par plusieurs maîtres tibétains qualifiés, principalement Tsétrul Péma Wangyal Rinpoché et Jigmé Khyentsé Rinpoché, dont la connaissance de la culture et des langues occidentales est un atout indispensable dans la transmission de cette sagesse.

Traductions réalisées en français

Le Chemin de la Grande Perfection, Patrul Rinpoché, Padmakara, 1987; 2ᵉ édition, 1997.
Bodhicitta, l'esprit d'Éveil, Péma Wangyal, Padmakara, 1988.
Dilgo Khyentsé Rinpoché, Padmakara, 1990.
Au Seuil de l'Éveil, Dilgo Khyentsé, Padmakara, 1991; 2ᵉ édition, 1998.
La Marche vers l'Éveil (*Bodhicaryâvatâra*), Shântideva, Padmakara, 1992.
Comme un éclair déchire la nuit, Dalaï-Lama, Albin Michel, 1992.
Comprendre la vacuité, Khentchen Kunzang Palden et Minyak Kunzang Seunam, Padmakara, 1993.
La Vie de Yéshé Tsogyal, souveraine du Tibet, Gyalwa Tchangtchoub et Namkhai Nyingpo, Padmakara, 1995.
Le goût unique du bonheur et de la souffrance, Djigmé Tenpai Nyima, Padmakara, 1995.
La Fontaine de grâce, Dilgo Khyentsé, Padmakara, 1995.
Le Trésor du cœur des êtres éveillés, Dilgo Khyentsé, Seuil, 1995.
Diamants de Sagesse, Péma Wangyal, Padmakara, 1996.
L'Esprit du Tibet, Matthieu Ricard, Seuil, 1996.
Le Précieux Ornement de la Libération, Gampopa Seunam Rinchen, Padmakara, 1999.
Les Contes de Jataka, volumes I, II, III, IV, Padmakara, 1998 - 2000.
Les Cent Conseils de Padampa Sangyé, Dilgo Khyentsé, Padmakara, 2000.

Traductions réalisées en anglais

The Excellent Path to Enlightenment, Dilgo Khyentse, Padmakara, 1987; rééd. Snow Lion Publications, 1996.
The Wish-Fulfilling Jewel, Dilgo Khyentse, Shambhala, 1988 - 1995.

128

Dilgo Khyentse Rinpoche, Padmakara, 1990.

Enlightened Courage, Dilgo Khyentse, Padmakara, 1992; édition nord-américaine, Snow Lion Publications, 1994.

The Heart Treasure of the Enlightened Ones, Dilgo Khyentse, Shambhala, 1992.

A Flash of Lightning in the Dark of Night, the Dalai Lama, Shambhala, 1993.

Wisdom : Two Buddhist Commentaries, Khenchen Kunzang Palden and Minyak Kunzang Sönam, Padmakara, 1993; 2e édition, Padmakara, 1999.

The Words of my Perfect Teacher, Patrul Rinpoche, International Sacred Literature Trust – Harper Collins, 1994; 2e édition ISLT, Sage Altamira / Shambhala, 1998.

The Life of Shabkar : Autobiography of a Tibetan Yogin, State University of New York Press, 1994.

Journey to Enlightenment, Matthieu Ricard, Aperture, 1996.

The Way of the Bodhisattva (Bodhicaryavatara), Shantideva, Shambhala, 1997.

Lady of the Lotus-Born, Gyalwa Changchub and Namkhai Nyingpo, Shambhala, 1999.

Traductions réalisées en allemand

Der Friede beginnt in Dir, Dalai Lama, O. W. Barth Verlag, 1994.

Das Herzjuwel der Erleuchteten, Dilgo Khyentse, Theseus Verlag, 1994.

Die geheimen Dakini-Lehren, Padmasambhava, O. W. Barth Verlag, 1995.

In die Herzen ein Feuer, Dalai Lama, O. W. Barth Verlag, 1995.

Die sieben tibetischen Geistesübungen, Dilgo Khyentse, O. W. Barth Verlag, 1996.

Das Licht Tibets, Matthieu Ricard, Zweitausendeins, 1997.

Mit dem Herzen denken, Dalai Lama, O. W. Barth Verlag, 1998.

Die Worte meines vollendeten Lehrers, Patrul Rinpoche, Arbor Verlag, 2001.

Traduction réalisée en espagnol

Compasión Intrépida, Dilgo Khyentse, Ediciones Dharma, 1994.

LES ÉDITIONS PADMAKARA

Publications en français

Bodhicitta, l'esprit d'Éveil, Péma Wangyal, 1988.
Dilgo Khyentsé Rinpoché, 1990.
Au Seuil de l'Éveil, Dilgo Khyentsé, 1991; 2ᵉ édition, 1998.
La Marche vers l'Éveil (*Bodhicaryâvatâra*), Shântideva, 1992.
Comprendre la vacuité, Khentchen Kunzang Palden et Minyak
Kunzang Seunam, 1993.
La Vie de Yéshé Tsogyal, souveraine du Tibet, Gyalwa Tchangtchoub
et Namkhai Nyingpo, 1995.
Le goût unique du bonheur et de la souffrance, Djigmé Tenpai
Nyima, 1995.
La Fontaine de grâce, Dilgo Khyentsé, 1995.
Diamants de Sagesse, Péma Wangyal, 1996.
Le Chemin de la Grande Perfection, Patrul Rinpoché, 1987;
2ᵉ édition, 1997.
Le Précieux Ornement de la Libération, Gampopa Seunam
Rinchen, 1999.
Les Contes de Jataka, volumes I, II, III, IV, 1998 - 2000.
Les Cent Conseils de Padampa Sangyé, Dilgo Khyentsé, 2000.

Publications en anglais

The Excellent Path to Enlightenment, Dilgo Khyentse, 1987;
rééd. Snow Lion Publications, 1996.
Dilgo Khyentse Rinpoche, 1990.
Enlightened Courage, Dilgo Khyentse, 1992.
Wisdom : Two Buddhist Commentaries, Khenchen Kunzang
Palden and Minyak Kunzang Sönam, 1993; 2ᵉ édition, 1999.

Éditions Padmakara
24290 Saint-Léon-sur-Vézère, France
Tél : 05 53 50 80 51 - Fax : 05 53 51 16 06
www.padmakara.org
e-mail : editions@padmakara.org

Achevé d'imprimer en avril 2001
sur les presses de l'imprimerie La Nef-Chastrusse
87 quai de Brazza BP 28
33015 BORDEAUX CEDEX

Dépôt légal : avril 2001, n° 7662